AF338364

VIE DU BIENHEUREUX

BENOIT-JOSEPH LABRE

IMPRIMATUR

Die 13 *junii* 1860.

P.-L., Episc. Atreb.

Bolon. et Aud.

Déposé

Imp. C. Dutilleux, Arras

Le Bienheureux

Benoit-Joseph-Labre.

d'après le grand Tableau de Rome.

VIE

DU BIENHEUREUX

BENOIT-JOSEPH LABRE

PAR

M. L'ABBÉ ROBITAILLE

Chanoine de l'Église d'Arras,

AUGMENTÉE

D'UNE NEUVAINE DE MÉDITATIONS

ET DE PRIÈRES AU BIENHEUREUX.

Prix : 20 centimes.

ARRAS,

CHEZ ROUSSEAU-LEROY, ÉDITEUR,

RUE SAINT-MAURICE, 26.

1860

Arras. — Typ. Rousseau-Leroy.

INTRODUCTION.

Mirabilis Deus in sanctis suis.
Dieu est admirable dans ses Saints.
(Ps. LXVII, 36).

On admet facilement la vérité de cette parole du Prophète royal, quand elle s'applique aux serviteurs de Dieu qui marchent par les voies que le monde appelle sages et dignes d'éloges. On admire le prince qui joint à l'éclat du trône et à l'autorité du commandement la pratique des plus nobles vertus ; on loue l'Évêque qui unit au zèle de l'apôtre la charité du pasteur et la modestie de la plus humble brebis de son troupeau ; on applaudit à l'héroïsme du martyr, mourant au milieu des tortures pour conserver sa foi ; au dévouement du missionnaire, s'arrachant à sa patrie pour porter aux régions lointaines la bonne nouvelle du salut; à celui du prêtre prodiguant à ses frères les soins de l'âme et du corps, au prix des plus durs sacrifices ; à celui de la vierge chrétienne, usant sa vie au chevet des malades et répandant autour d'elle le parfum de la piété.

Mais la vie contemplative, la dévotion aux pieux sanctuaires, l'amour des souffrances et de l'abjection, l'exercice de la pénitence portée jusqu'au plus haut degré du dépouillement de toutes choses et de l'oubli de soi, on ne les comprend plus. Ceux qui suivent ces sentiers difficiles sont souvent l'objet d'une critique sévère et quelquefois d'une indicible répulsion. Si les vrais chrétiens se gardent de semblables excès, ils semblent craindre néanmoins d'affronter ces préjugés généralement répandus, et ils n'osent prendre la défense de ceux que l'Église a placés sur ses autels, lorsqu'ils ont été des hommes extraordinaires, dont les œuvres tranchent d'une manière frappante avec les idées du siècle.

Il est donc utile de rappeler le sens et la portée des sentences évangéliques, pour ne pas se laisser égarer en une matière si importante et voir de quel côté se trouvent la sagesse et la vérité.

Le divin Maître se trompait-il, lorsqu'il commandait le renoncement à ses disciples et les pressait de porter leur croix à sa suite? lorsqu'il conseillait au jeune homme riche de vendre ses biens et de les verser dans le sein des pauvres pour avoir un trésor dans le ciel? lorsqu'il disait : Heureux les pauvres volontaires, heureux ceux qui pleurent, heureux ceux qui souffrent persécution pour la justice? Car les âmes généreuses, qui auront tout quitté pour moi, seront récompensées au centuple et posséderont la vie éternelle [1].

Le Juif, tout charnel qu'il était, n'avait pas ignoré cette doctrine que l'amour des jouissances mondaines rend étrange aux yeux de tant de chrétiens. Les psaumes, les livres sapientiaux et ceux des prophètes en fournissent des preuves nombreuses. Job, à lui seul, en présente une démonstration complète; n'est-il pas plus grand, en effet, devant ses concitoyens et devant la postérité tout entière au moment où, couché sur son fumier, abandonné de tous, même de ses amis et de son épouse, il devenait tout vivant la pâture des vers, qu'au milieu de ses immenses richesses et des hommages de ceux qui l'entouraient?

Saint Paul, résumant sur ce point les divins enseigne-

(1) Matth. XVI, 24 ; XIX, 21 ; V, 3 ; XIX, 29.

ments, avec une énergie d'expressions remarquable, nous dit dans sa lettre aux Corinthiens (1) : Dieu a choisi les insensés selon le monde pour confondre les sages; il a choisi les faibles pour confondre les forts; il a choisi ce qu'il y a d'ignoble et de méprisable, même ce qui n'est pas, pour détruire ce qui est, afin que nul homme ne puisse se glorifier devant lui.

Depuis qu'il lui a plu d'opérer le salut du monde par la folie de la croix (2), il n'a pas cessé un seul moment de faire de grandes choses avec les instruments les plus vils en apparence. Chaque siècle en offre des exemples. Entre cet homme de douleurs, méprisé des autres hommes, regardé comme le dernier d'entre eux. dont la face conservait à peine l'empreinte de l'humanité, et méconnaissable au milieu des siens, entre cet homme si bien peint dans les traits prophétiques d'Isaïe (3) et Benoît-Joseph Labre, ce nouvel homme de douleurs, objet de la surprise et de la pitié dédaigneuse de ses frères, que de pauvres, que d'ignorants, que d'inconnus ont mené une conduite marquée, selon le monde, du sceau de la folie, traitée d'inutile, d'extravagante, d'ignominieuse même, et dont le front est ceint aujourd'hui d'une auréole de gloire et d'immortalité ! Leurs noms inscrits dans les fastes de l'histoire et comptés parmi les plus beaux noms dont s'honorent l'Eglise et l'humanité elle - même, justifient pleinement la sentence du Roi-Prophète, placée en tête de cette préface ; et, nous servant d'un mot de saint Augustin, parlant des plus petits et des plus prodigieux ouvrages du Créateur, nous dirons que Dieu n'est pas moins grand lorsqu'il va chercher ses Saints au fond de l'abîme de l'humiliation et de l'opprobre, que quand il les prend sous la pourpre romaine ou sur le trône le plus glorieux. *Nec major in illis, nec minor in istis.*

Mais ne nous arrêtons pas à cette considération géné

(1) Cor. i, 28. — (2) Id. i, 21. — (3) Is. LIII, 3.

rale, qui montre la fausse délicatesse d'un siècle dont les pensées diffèrent tellement de celles de Dieu, qu'il ne comprend plus rien aux opérations de l'Esprit de vérité (1). Le Ciel a voulu nous donner une leçon plus frappante, parce qu'elle est contenue dans un fait qui se passe actuellement sous nos yeux, *la double glorification* d'une pauvre bergère de Pibrac (2), Germaine Cousin, et du fils d'un humble cultivateur de l'Artois, Benoît-Joseph Labre. Ce fait révèle aux moins attentifs les desseins de la Providence à une époque où la recherche des biens matériels absorbe toutes les affections du cœur. Sa Sainteté Pie IX disait, en parlant de la jeune bergère du Languedoc : « Ce qui augmente la satisfaction que j'éprouve du « triomphe de cette humble fille, c'est de penser que « Dieu n'exalte pas ainsi sans un dessein de miséricorde « une faible et pauvre enfant. Il veut donner à notre « siècle les enseignements dont il a le plus besoin, dans « un temps où tout le monde court après la fortune, l'é- « lévation et le plaisir. Rien n'est plus nécessaire que de « présenter à notre culte et à notre imitation une vie « sanctifiée par la pauvreté, la souffrance et l'abjection. »

Notre illustre Évêque, Mgr Parisis, exprime la même pensée dans son beau mandement de carême sur Benoît-Joseph Labre. « Pour bien nous comprendre, dit-il à ses « diocésains, veuillez d'abord vous rappeler certaines vé- « rités élémentaires et fondamentales de la doctrine chré- « tienne, que vous connaissez tous, auxquelles vous croyez

____

(1) Isaïe. LV, 8. I Cor. II, 14.

(2) Germaine-Cousin, née à Pibrac, près Toulouse, mourut vers 1601 en odeur de sainteté, âgée d'environ 22 ans. Occupée dès son enfance à garder un troupeau de mouton ; elle donna les plus beaux exemples de vertus, mais surtout d'une inaltérable patience à supporter les mauvais traitements de sa belle-mère. Grégoire XVI permit de commencer les procédures relatives à sa canonisation le 24 janvier 1845, et Pie IX donna le décret de sa Béatification le 7 mai 1854.

« tous, et par lesquelles seules la vie du Bienheureux La-
« bre peut être comprise.

« La première, c'est que nous ne sommes en ce monde
« passager que pour opérer notre salut éternel ;

« La seconde, c'est que le salut éternel s'opère par un
« seul moyen, qui est la préférence donnée aux choses
« du Ciel sur les choses de la terre ;

« La troisième, c'est que pour rappeler au monde ces
« deux devoirs essentiels, Dieu, dans sa grande miséri-
« corde, a suscité de temps en temps des hommes extraor-
« dinaires qui les ont pratiqués avec une perfection dont
« l'héroïsme commandait les hommages et dont la singu-
« larité même avait l'avantage d'attirer forcément l'atten-
« tion des peuples.

« Or, tel fut, à la fin du dernier siècle, pour l'instruction
« et l'édification de nos jours, le vénérable Benoît-Joseph
« Labre. Il a été, pour ainsi dire, présenté au monde, ou,
« si vous le voulez, promené dans le monde, comme per-
« sonnifiant en lui, dans un degré suréminent, les vertus
« austères que le monde de nos jours oublie le plus.

« On ne peut nier que l'époque actuelle ne soit surtout
« malheureusement remarquable par un attachement ex-
« cessif des esprits et des cœurs aux biens matériels dans
« tous les genres.

« Or, on va se convaincre que le Bienheureux Labre
« offrit à tous un des exemples les plus manifestes et les
« plus complets de ce détachement évangélique qui fut
« pratiqué par tant d'autres sur cette terre d'épreuves,
« depuis notre divin Maître, seul parfait modèle.

« ...Pour l'enseignement et la condamnation de ce siè-
« cle, il fallait que tout ce qui est terrestre fût immolé
« dans Benoît Labre, sans que rien n'échappât au sacri-
« fice, et il fallait que cette sublime leçon fût donnée en
« public à ce monde trop distrait et trop léger pour aper-
« cevoir les mystérieuses austérités qui se pratiquent dans
« l'intérieur du cloître. »

Après ces témoignages émanés des deux autorités les plus respectables pour nous, habitants du diocèse d'Arras, il n'est pas possible de méconnaître la nature et la force de l'enseignement qui ressort de la béatification d'une humble bergère, morte il y a deux siècles et demi, et de Benoît Labre, *ce pauvre de Jésus-Christ*, ainsi qu'on le nommait à Rome, pendant sa vie, dont le procès canonique, commencé en 1783, au moment de sa mort, semblait, il y a quelques années, devoir nous faire attendre longtemps encore le jugement de l'Église.

Est-ce toutefois la seule leçon que le monde trouve dans l'exaltation des Bienheureux Benoît Labre et Germaine Cousin ? Dieu, en les offrant aux hommages de l'univers catholique, ne voulut-il pas atteindre un autre mal qui cause au sein de la société actuelle les plus effrayants ravages ? Nous venons de le dire, de nos jours, tout est sacrifié à l'amour du bien-être, peu d'âmes échappent à la contagion générale et les cœurs les plus heureusement nés se courbent eux-mêmes aux pieds de cette *idole de la jalousie*, pour emprunter le langage des saints Livres, qui se pose en rivale en présence du Seigneur d'Israël (1).

Mais si la foule est esclave de la chair et du sang, l'est-elle moins de cette autre concupiscence, appelée par saint Jean, l'orgueil de la vie ; et si le matérialisme règne dans les mœurs, le rationalisme ou l'indépendance absolue n'est-elle pas la seule règle des croyances ? Quand vit-on plus de confiance dans les conceptions humaines, plus d'éloignement pour la vérité divinement révélée, plus de mépris pour l'autorité établie par Jésus-Christ pour instruire les nations et les diriger à la recherche de leur éternelle destinée ?

Or, pourquoi ne pas voir la condamnation de cette coupable aberration des esprits dans les honneurs rendus

(1) Ezech. VIII, 5.

à une pauvre bergère dépourvue de toute autre connaissance que celle de la religion, et d'un humble villageois
qui, à l'exemple de l'Apôtre, ne s'est glorifié que dans la
croix, et n'a voulu rien savoir si ce n'est Jésus et Jésus
crucifié (1) ? Benoît pouvait s'adonner à l'étude des scien-
ces ; doué de dispositions naturelles, il trouvait dans les
circonstances où la Providence l'avait placé des moyens
faciles de parcourir avec succès la carrière des lettres, de
la philosophie et de la théologie. Deux oncles revêtus du
sacerdoce devaient surveiller ses premiers essais ; le petit
séminaire de Boulogne, récemment fondé par Mgr de
Pressy, l'eût reçu volontiers et conduit jusqu'aux portes
du sanctuaire. Cette voie, dans laquelle tant d'autres se-
raient entrés avec empressement, ne sourit pas à ses goûts
humbles et sévères ; la sagesse humaine ne put séduire
son cœur uniquement sensible aux choses du Ciel ; et
comme dans l'ordre des biens de la terre il n'eut pas où
reposer la tête, dans celui de la science il rejeta tout ce
qui ne le conduisait pas directement à Dieu, réalisant à la
lettre cette sublime maxime de l'auteur de l'*Imitation* :
« Aimez à être ignoré et à être réputé pour rien (2). »

Voilà cependant celui que le Seigneur élève au-dessus
des hommes les plus distingués par leurs lumières et leur
réputation de savoir, et qu'il environne d'une gloire im-
périssable, en appelant à son tombeau par les miracles qui
s'y opèrent, non seulement les habitants de Rome, mais
de l'Italie et de la France, le plaçant sur les autels où
l'univers catholique lui offre le tribut de sa vénération et
de ses prières, comme pour redire à toutes les générations
que la soumission de l'esprit et la simplicité du cœur va-
lent mieux que les plus beaux génies privés du don de la
foi. O science humaine ! que tu es vaine et frivole, quand
tu es mise en parallèle avec la science du salut ? O raison
de l'homme ! quand comprendras-tu que ta véritable

(1) S. Paul aux Gal. vi, 14. — (2) *Imit.* chap. 11.

grandeur consiste à écouter l'Auteur de toutes choses et à marcher à la lueur du flambeau de la religion qu'il nous a révélée ? Telle est la leçon que donne l'exaltation de Benoît Labre, où éclatent d'une manière si admirable la sagesse et la puissance de Dieu.

On nous permettra les développements donnés à ces considérations à cause de leur importance.

Nous ferons suivre la notice historique du Bienheureux du récit de la fête célébrée à Rome, à l'occasion de sa Béatification, et du programme de celle qui doit avoir lieu à Arras, à l'inauguration de ses reliques, au mois de juillet ; ces deux solennités seront le complément naturel de notre travail et lui donneront un mérite d'actualité dont les lecteurs comprendront tout le prix.

Nous placerons à la fin une neuvaine composée de pieuses réflexions, formant, en quelque sorte, l'épilogue de la vie du Bienheureux, et de courtes prières pour implorer sa protection dans un moment où le ciel lui ouvrira tous ses trésors. Par là nous viendrons en aide aux fidèles qui aimeront à vénérer les restes de notre saint compatriote dans la cathédrale d'Arras, à Amettes, où l'on veut ériger un oratoire sur l'emplacement de la maison qui l'a vu naître (1), à Boulogne qui recevra, assure-t-on, quelque partie de son corps, et dans tous les lieux assez heureux pour posséder une parcelle de ses reliques.

Le seul but que nous nous sommes proposé, en écrivant ce petit livre, est de contribuer pour notre part à répandre la connaissance du Bienheureux dont s'honore le diocèse et à l'offrir comme modèle de la plus parfaite humilité et de l'entier détachement des biens du monde. Puissions-nous l'avoir atteint ; c'est le vœu de notre cœur.

(1) Puissamment aidé par un don magnifique de M. le comte de Né-donchel, M. l'abbé Decroix, curé d'Amettes, a racheté dernièrement la maison où est né Benoît-Joseph Labre, et se propose de la changer en une Chapelle, qui deviendra, nous en sommes sûr, un pèlerinage très-fréquenté.

VIE DU BIENHEUREUX

BENOIT-JOSEPH LABRE.

I.

DEPUIS SA NAISSANCE JUSQU'A SA PREMIÈRE COMMUNION.

En commençant cette courte biographie, nous croyons devoir prévenir une objection souvent répétée, même par des personnes très-respectables. Comment, dit-on, proposer à l'imitation des fidèles une conduite où l'on rencontre de pieuses exagérations et des singularités dont il est convenable de s'éloigner? Nous répondrons avec saint Bernard, parlant de saint Malachie : « Vous « avez en lui de quoi admirer, vous avez de quoi « imiter (1). »

Ainsi, vous n'êtes pas obligé de quitter la maison paternelle, votre famille et votre patrie pour vivre en

____

(1) Vita Mal.

pélerin et en étranger sur la terre, car vous pouvez vous sanctifier sans abondonner l'état où la Providence vous a placé. Ne renoncez pas, si vous le voulez, à tous les avantages temporels pour pratiquer la pauvreté évangélique; mais n'attachez pas votre cœur aux richesses et versez votre superflu dans le sein des indigents : ne vous livrez pas à une contemplation continue; mais priez le matin et le soir et conservez pendant la journée l'esprit de prière et de recueillement : ne vous condamnez pas à des pénitences rigoureuses, ni à d'effrayantes austérités ; mais respectez les lois du jeûne, de l'abstinence et de la modération dans le boire et le manger. Vous n'êtes peut-être pas appelé au degré de perfection et à l'héroïsme des vertus de Benoît Labre; mais à la vue de sa vie si sainte et si mortifiée, vous rougirez de votre lâcheté, vous déplorerez vos misères spirituelles et vous vous sentirez pressé d'embrasser le parti de la vertu et les pratiques de la piété chrétienne.

Tous ne sauraient suivre les voies extraordinaires. Il faut pour cela une mesure de grâces que le Ciel n'accorde qu'aux âmes d'élite pour l'instruction et l'édification des autres. Benoît fut de ce nombre et il correspondit à cette vocation spéciale avec une générosité et une constance qui ne se démentirent jamais. Accomplissez, à son exemple, les desseins de Dieu sur vous faites un bon usage du talent qu'il vous a confié et vous recevrez la récompense du serviteur fidèle (1).

Dans un petit village de l'Artois, nommé Amettes, dépendant de l'évêché de Boulogne, existait de temps immémorial une famille d'honnêtes cultivateurs qui avait donné plusieurs de ses membres à l'Église, et dont l'attachement à la religion était connu de tout le monde. Elle avait conservé toute la simplicité des mœurs antiques et toute la pureté de la foi. C'est, sans doute, pourquoi Dieu daigna jeter les yeux sur elle pour en faire sortir un émule de saint François d'Assise, un nouvel imitateur de Celui qui s'est fait pauvre pour nous, un homme qui portât l'amour et la pratique de la pauvreté et de l'abnégation aussi loin que possible.

Benoît-Joseph, l'aîné de quinze enfants de Jean-Baptiste Labre et d'Anne-Barbe Grandsir, naquit le 26 mars 1748, à Amettes, et fut baptisé le lendemain par son oncle paternel, François-Joseph Labre, alors vicaire d'Ames et plus tard curé d'Erin, qui remplit en même temps les fonctions de parrain.

Jamais peut-être la grâce baptismale ne tomba sur une meilleure terre; jamais parents non plus ne surent mieux la cultiver que ceux de cet enfant de bénédiction.

Ses qualités naturelles devancèrent l'âge ordinaire

____

(1) Luc XIX, 17.

où se montre la raison et laissaient présager tout ce qu'il serait un jour. Il était doué d'un esprit vif, d'un jugement sain, d'une mémoire facile et sûre : un cœur tendre, une volonté ferme, une âme fortement attachée à la vérité se joignaient en lui à des inclinations prononcées pour le bien, à des goûts simples, à une grande droiture de sentiment, à une vivacité de caractère tempérée par une douceur et une intelligence précoces, qui permirent de lui appliquer l'éloge que la sainte Écriture fait du jeune Tobie : « Rien en lui ne « tenait de l'enfance (1). »

Ses pieux parents s'appliquèrent à former ce cher fils à la vertu et à seconder les merveilleuses opérations de la grâce dont il semblait avoir reçu la plénitude. Aussi, tout jeune et à peine âgé de quatre ans, il donna des marques d'une vive et affectueuse piété à laquelle sa bonne mère rendait témoignage : « Dès sa « plus tendre enfance, dit-elle, je l'ai vu se plaire aux « pratiques religieuses et imiter tout ce qui se faisait à « l'église, où je pouvais le conduire et le garder aussi « longtemps que je voulais. »

Dès ce moment aussi il avait une grande horreur pour le mal, qui parut avec éclat dans une circonstance dont on a conservé le souvenir. Le vicaire de la paroisse

____

(1. Tob. 1, 4.

l'ayant vu ramasser un scarabée dans la grange d'un fermier voisin et l'ayant traité de *petit voleur* par plaisanterie, il fut péniblement affecté et pleura amèrement ce prétendu péché. C'était là comme les premiers jets de l'éminente sainteté à laquelle il devait parvenir.

Benoît passa sa quatrième et sa cinquième année sous la direction de son oncle maternel, Jacques-Joseph Vincent, alors sous-diacre, qui fut autant étonné de la docilité et des vertus naissantes de son neveu que de son application et de son aptitude pour l'étude.

Son oncle étant retourné au séminaire, il fréquenta l'école d'Amettes, tenue par M. l'abbé Hanotel, vicaire de la paroisse et y donna constamment l'exemple de toutes les vertus de l'enfance. Mille traits intéressants, consignés dans les procès-verbaux de la procédure canonique, révèlent une sagesse hâtive et montrent à quelle perfection il était parvenu à un âge où l'on connaît à peine ses devoirs les plus élémentaires. On est surtout surpris de voir jusqu'où il portait l'esprit et la pratique de la pénitence. Non-seulement il fuyait toute recherche dans la nourriture et dans les vêtements, non-seulement il était insouciant pour toutes les commodités de la vie; mais il s'étudiait à mortifier son corps par des privations et des austérités qu'il dérobait à ses parents, mais qui étaient comme une initiation aux rigueurs effrayantes qu'il devait un jour exercer sur lui.

Il unissait à ce détachement prématuré de tous les objets que les enfants aiment ordinairement avec passion, un désir ardent de mourir pour aller au Ciel. Il avait huit ans, dit un de ses historiens, lorsque, prosterné aux pieds du lit de mort de sa sœur, il envia le bonheur de cet ange de la terre qui s'envolait dans le sein de Dieu.

Il semblait n'avoir de goût que pour les choses sérieuses. Il se plaisait à servir la sainte Messe et s'acquittait de cette tâche si douce à son cœur dans une attitude de respect et de ferveur qui ravissait les assistants ; et quand il était dans l'église sans y remplir de fonctions, on le voyait abîmé dans la méditation des mystères qu'on y célébrait. La pensée de ces mystères, dont l'Esprit-Saint lui avait appris les ineffables beautés, le suivait hors du saint lieu : il avait élevé un petit autel dans sa chambre et s'y exerçait à l'offrande du divin sacrifice. Les prières du matin et du soir, récitées en commun au sein de sa religieuse famille, ne suffisaient pas à sa dévotion ; on le trouvait souvent prosterné en oraison dans des lieux silencieux, et l'idée de la présence de Dieu l'accompagnait partout. Le feu céleste qui dévorait son âme laissait quelquefois échapper des étincelles au dehors, et alors il parlait de la piété d'un manière touchante, il excitait ses frères et sœurs à la pratiquer, il allait même faire de bonnes lectures en public dans les maisons voisines de la sienne.

Sa docilité aux avis de ses parents n'avait rien à souffrir de ses pieuses pratiques. Jamais il ne laissa répéter un ordre qu'ils lui adressaient, tant il se montrait attentif à suivre leurs volontés, même lorsqu'elles contrariaient ses penchants les plus naturels. Cette soumission n'était pas seulement le fruit de son amour filial et de sa vive reconnaissance pour ceux qui lui prodiguaient les soins d'une affectueuse tendresse ; mais il fallait y voir aussi le résultat de l'empire absolu qu'il avait sur les mouvements de son cœur.

Ses parents n'étaient pas à ses yeux les seuls qui eussent des droits à son obéissance, ses maîtres ne le trouvèrent jamais en défaut de ce côté ; ils remarquèrent de plus qu'il ne s'excusait pas auprès d'eux, quand par erreur ou par une sorte d'épreuve, ils lui imputaient une faute qu'il n'avait pas commise.

On le distinguait au milieu de ses condisciples par sa retenue, sa modestie et ses procédés délicats. Il avait pour eux une bienveillance attentive et une amitié sincère ; il se mêlait à leurs jeux innocents plutôt par complaisance que par goût, leur rendait toutes sortes de bons offices et allait au-devant de leurs moindres désirs. C'est ce qu'attestèrent ses maîtres, et en particulier l'instituteur de Nédon, où il avait été envoyé vers l'âge de dix ans pour agrandir le cercle de ses premières études.

M. le curé d'Erin, touché des sentiments et de la conduite de son neveu, voulut se charger de son éducation et lui enseigner lui-même les éléments de la langue latine ; mais auparavant il jugea convenable de le préparer à la première Communion, en l'affermissant dans la connaissance des vérités du salut et dans l'amour des vertus chrétiennes par une suite d'instructions solides que Benoît recueillit avec une pieuse avidité.

Prévenu des dons les plus précieux de l'Esprit-Saint, il aspirait après ce jour où il lui serait permis de s'unir intimement à son divin Epoux ; et à la nouvelle que cet heureux moment n'était pas éloigné, il fut rempli d'une joie indicible mêlée néanmoins d'une sainte frayeur ; car il n'ignorait pas l'importance de l'action qu'il allait faire. Aussi, il s'en occupa avec un zèle, une attention et une ardeur qui offrirent une nouvelle occasion d'admirer en lui les merveilles de la grâce.

Voulant présenter à son Créateur un cœur revêtu d'une pureté angélique, il fit une confession de toutes les fautes de sa vie. La manière dont il s'y disposa mérite bien d'être proposée pour modèle.

Persuadé d'abord que nous ne pouvons rien sans le secours divin, il conjura le Saint-Esprit de lui découvrir l'état de son âme, ses habitudes, ses inclinations les plus secrètes et en particulier les péchés dont il s'était rendu coupable.

Après cette instante prière, il examina sa conscience sans trouble, mais avec une exactitude scrupuleuse, apercevant les plus légères faiblesses et jusqu'à l'ombre du mal, suivant l'ordre des commandements de Dieu et de l'Eglise, des péchés capitaux et des devoirs de son état.

L'examen terminé, il redoubla ses prières pour obtenir de Dieu une vive et profonde douleur de l'avoir offensé et s'excita à la contrition par les motifs tirés de la foi, c'est-à-dire, la malice du péché, les peines de l'enfer, la perte du paradis, la passion du Sauveur et l'amour de Dieu pour lui-même.

Il se confessa avec une grande simplicité, une précision parfaite et une humilité profonde, écoutant attentivement les avis de son confesseur, qu'il regardait comme venant de Jésus-Christ même dont il tient la place.

Il serait impossible de peindre les vœux ardents, les transports de reconnaissance et les élans d'amour qui s'échappèrent de son cœur dans les semaines qui précédèrent la première Communion et surtout le jour où il put s'asseoir à la Table sainte pour se nourrir du pain des anges et étancher la soif de son âme embrasée des flammes divines que le Ciel y avait allumées. On eût dit un séraphin près de l'autel du Très-Haut, dans une attitude d'adoration profonde, ou plutôt d'entière immolation, qui frappa tous les assistants et dont le souvenir est ineffaçable. Mgr de Pressy, témoin de son extérieur modeste, recueilli, pénétré, au moment où il lui administrait le sacrement de Confirmation, dans l'après-midi du même jour, eut le pressentiment de sa sainteté future, et annonça que cet enfant deviendrait la gloire de l'Église de Boulogne.

II.

DEPUIS SA PREMIÈRE COMMUNION JUSQU'A SON DÉPART POUR ROME.

Les vertus dont Benoît avait donné jusque là l'exemple brillèrent d'un nouvel éclat après sa première Communion, et on peut dire de lui qu'il croissait en sagesse et en âge devant Dieu et devant les hommes (1). Son détachement de toutes les choses de la terre, son humilité, son esprit de mortification, sa ferveur et son zèle pour la gloire de Dieu n'avaient plus de bornes. Il prit l'habitude de communier tous les mois, et il l'eût fait plus souvent, s'il n'avait été arrêté par la délicatesse de sa conscience. Cette délicatesse était extrême, comme le prouve le fait suivant. Un jour, une petite fille de 7 ans le prie de lui donner deux ou trois fraises du jardin de son oncle, sans lui en demander la per-

______

(1) Luc. II, 52.

mission, en disant que deux ou trois fraises sont bien peu de chose : « Que dites-vous là ? répondit-il avec vivacité. Est-ce peu de chose que d'offenser Dieu ? Et d'ailleurs, continue-t-il, on commence par de petites choses et on en vient bientôt aux grandes. »

Benoît avait 13 ans ; il était temps de se livrer à l'étude du latin. Il le fit d'abord avec ardeur et avec un véritable succès, s'y sentant porté par l'obéissance qu'il devait à son oncle et par le désir de connaître la langue des divines Ecritures et des offices de l'Eglise. Toutefois son application constante ne l'empêchait pas de réserver des heures pour ses pieux exercices, pour la lecture des livres ascétiques, qu'il aimait avec une espèce de passion. Il avait su faire une sage distribution des moments de la journée, se levait de grand matin, restait peu de temps à table et ne prenait aucune récréation.

Parmi les ouvrages de piété que son oncle avait mis à sa disposition, il donnait la préférence à ceux du P. Lejeune, dit *l'Aveugle;* il les avait toujours à la main, lorsqu'il quittait ses auteurs classiques ; il y prit même un tel goût que ses études en souffrirent. Il fit de grands efforts pour surmonter ce penchant, que le respectable curé d'Erin ne voyait pas sans appréhension ; mais une impulsion secrète le ramenait à ses lectures chéries, et une voix intérieure lui disait que Dieu ne voulait pas faire de lui un savant, mais un pieux solitaire ou du moins un fervent religieux. Cette conviction contre laquelle il luttait en vain, devint tellement forte, qu'il la découvrit à son oncle en termes énergiques : « J'ai, « lui dit-il, un dégoût extrême pour toute science pro- « fane et étrangère au salut de mon âme ; j'ai résisté « autant qu'il m'a été possible, pour me conformer à vos « intentions, mais je me sens vaincu par une puissance « supérieure à ma volonté. J'ai donc pris la résolution « de me retirer dans un cloître et choisi le plus régulier, « que je crois être celui de la Trappe. »

L'abbé Labre, vivement frappé de cette déclaration inattendue et ne voulant pas prendre sur lui la respon- sabilité du projet de son neveu, le renvoya à ses père et mère pour obtenir la permission de l'exécuter. Ses parents ne virent dans cette résolution qu'un excès de ferveur et l'effet de l'imagination exaltée d'un jeune homme ; ils lui exprimèrent leur surprise, l'imprudence d'une pareille démarche, dont il ne tarderait pas à se repentir, et lui ordonnèrent de retourner à Erin.

Benoît se soumit et reprit ses études, bien qu'il de- meurât persuadé que le Ciel l'appelait à la vie religieuse. Deux ans s'écoulèrent dans cette situation pénible, où, partagé entre les devoirs de l'obéissance filiale et les inspirations de l'Esprit-Saint, il éprouvait d'indicibles angoisses. Ces combats intérieurs produisirent des doutes auxquels se joignirent de violents scrupules que rien ne pouvait calmer, ni ses prières, ni ses confessions, ni les conseils de son sage directeur. C'était une épreuve délicate ; Dieu y mit fin par un évènement qui fit éclater la charité de Benoît et son attachement à son oncle.

Vers le milieu du mois d'août de l'année 1766 , une maladie contagieuse, offrant tous les caractères du typhus, causa d'effrayants ravages dans le village d'Erin. La plupart des familles en furent atteintes, mais elle sévit surtout chez les pauvres, où elle faisait de nombreuses victimes. Le curé d'Erin, prêtre au cœur noble et généreux, se multipliait pour voler auprès des malades et leur porter à la fois les consolations de la religion et les secours pécuniaires dont ils avaient besoin. Benoît l'accompagnait partout, et malgré les représentations de son oncle, qui craignait les suites de son dévouement, il ne quittait pas le chevet des moribonds , donnant la préférence aux plus délaissés , les encourageant par ses exhortations touchantes et leur rendant les services les plus rebutants avec une patience inaltérable. On ne savait ce qu'on devait admirer le plus ou son amour pour les pauvres ou son intrépidité en face de la mort.

Bientôt le curé d'Erin ressent les premiers symptômes du mal cruel ; le danger s'accroît; il est forcé de garder le lit Benoît se partage entre son oncle et ses paroissiens, allant sans cesse du presbytère aux demeures des

habitants les plus malheureux, restant debout jour et
nuit, sans goûter le sommeil et prenant à peine quelque
nourriture pour soutenir ses forces épuisées par la fatigue. Mais ses soins empressés ne purent sauver la vie
du bon pasteur immolé pour le salut de son troupeau ; il
le vit mourir sous ses yeux, dans les plus beaux sentiments de foi et de résignation, le pleura comme un père
et n'oublia jamais ses bienfaits. De son côté, la paroisse
d'Erin conserva précieusement le souvenir de la conduite
héroïque de l'oncle et du neveu.

Benoît revint à Amettes ; il crut le moment favorable
pour renouveler ses instances auprès de ses parents e
obtenir enfin la permission d'entrer à la Trappe. Il fu
trompé dans ses espérances, car il les trouva toujours
également opposés à son pieux dessein.

En attendant le moment où il lui serait donné de suivre
une vocation dont il n'avait plus le moindre doute, il re
doubla ses jeûnes, et porta si loin ses mortifications, que
sa mère, effrayée pour la santé d'un fils si tendremen
aimé, lui recommanda instamment de les modérer. E
comme il lui répondait qu'il faisait dans la maison paternelle l'apprentissage de la vie du désert, elle lui dit u
jour : « Comment feriez-vous pour vivre, mon cher en-
« fant, si vous vous retiriez au fond d'un désert ? — Je
« vivrais d'herbes et de racines, à l'exemple des ancien
« solitaires. — Ces ermites, continuait-elle, étaien

« d'une trempe plus forte que les hommes d'aujourd'hui.
« Et puis, il se faisait alors des miracles qui ne se font
« plus maintenant. — On le peut, si on le veut, repre-
« nait Benoît ; le bon Dieu n'est pas moins puissant à
« présent qu'autrefois ; si alors il faisait des miracles
« pour soutenir ses serviteurs, pourquoi n'en pourrait-il
« plus faire de nos jours? Ah ! ma chère mère, il en fait
« beaucoup qu'on ne voit pas : oui, on peut tout avec le
« secours de Dieu, quand on le veut véritablement. »

Ces dispositions ne firent pas changer la détermination de ses parents : ils l'envoyèrent chez M. l'abbé Vincent, vicaire de Conteville, près de Saint-Pol, qui l'avait
connu dans sa tendre enfance et se souvenait de ses dispositions à la vertu, en particulier de son penchant à la
mortification.

Sous la direction de cet ecclésiastique pieux et éclairé
il fit de nouveaux progrès dans la perfection évangélique,
tout en continuant ses études latines par respect pour ses
père et mère, car son attrait et son cœur étaient ailleurs.

Dieu bénit sa soumission et sa persévérance. M. l'abbé
Vincent, pleinement convaincu que son neveu n'était pas
appelé à demeurer dans le monde, détermina ses parents
à lui permettre, non d'aller à la Trappe, dont l'austérité
les effrayait, mais dans un couvent de Chartreux, dont
la règle, du reste, était suffisamment sévère. Benoît, au
comble de ses vœux, se présente à la Chartreuse du Val-

dé Sainte-Aldegonde, située près de Longuenesse, diocèse de Saint-Omer, où il apprend avec douleur que, par suite des pertes causées par un incendie considérable, la communauté ne reçoit pas de novices pour le moment. Par le conseil des religieux du Val-Sainte-Aldegonde, il va frapper à la porte de la Chartreuse de Notre-Dame-des-Près de Neuville, sous Montreuil, qu'on lui ouvre immédiatement et déjà il croit avoir trouvé le lieu de son repos.

Il se trompait ; la Providence voulait le faire passer par une de ces épreuves réservées aux grandes âmes sur lesquelles elle a des desseins particuliers. Une nuit affreuse se fit dans son esprit, des désolations incessantes déchirèrent son cœur, et ses angoisses furent de telle nature que le P. Prieur, craignant de le voir mourir sous le poids de ses douleurs, le renvoya dans sa famille, six semaines après son entrée dans le monastère, en exprimant son regret de ne pouvoir garder un jeune homme si rempli d'éminentes qualités.

Benoît demeura peu de temps à Amettes. A peine sa santé s'était-elle un peu remise, qu'il partit pour l'abbaye de Notre-Dame de la Trappe, en Normandie, où il se réjouissait de rencontrer un institut plus rigide encore que celui des Chartreux. Mais cette tentative échoua devant l'inflexibilité de la règle, qui défend de recevoir les sujets avant l'âge de vingt-quatre ans, et le nouveau postulant n'en avait que dix-neuf. Il retourna donc chez ses parents avec la pensée d'attendre l'âge requis pour être reçu dans ce monastère.

Toutefois, il crut sage de ne pas s'en remettre à ses propres lumières, mais de consulter des hommes éclairés en pareille matière ; et se trouvant à Boulogne pour y suivre les exercices d'une mission donnée à Notre-Dame, il se présenta devant Mgr de Pressy, qui l'accueillit avec une bonté toute paternelle, l'entretint longtemps et lui conseilla de rentrer à la Chartreuse de Neuville. Il se rendit à cet avis, conforme à celui de ses père et mère ; mais ce nouvel essai ne fut pas plus heureux que le premier. Après sept semaines d'épreuves, le P. Prieur lui dit : « Mon fils, Dieu ne vous appelle pas à notre institut, suivez les inspirations de la grâce. » Voici la lettre qu'il écrivit à cette occasion :

Mon très-cher père et ma très-chère mère, je vous apprends que les Chartreux ne m'ayant pas jugé propre pour leur état, j'en suis sorti le second jour d'octobre ; je regarde cela comme un ordre de la divine Providence, qui m'appelle à un état plus parfait. Ils m'ont dit eux-mêmes que c'était la main de Dieu qui me retirait de chez eux. Je m'achemine donc vers la Trappe, ce lieu que je désire tant et depuis si longtemps ; je vous demande pardon de toutes les désobéissances et de toutes les peines que je vous ai causées ; je vous prie l'un et l'autre de me donner votre bénédiction, afin que le Seigneur m'accompagne ; je prierai le bon Dieu pour vous, tous les jours de ma vie, surtout ne soyez pas inquiets à mon égard ; quand j'aurais voulu y rester, on ne m'y aurait pas reçu ; c'est pour-

quoi je me réjouis beaucoup de ce que le Tout-Puissam
me conduit.

Ayez soin surtout de mon filleul et de l'instruction de
mes frères et sœurs ; moyennant la grâce de Dieu je ne
vous coûterai plus jamais rien, et ne vous ferai plus au
cune peine, je me recommande à vos prières... Je ne sui
sorti qu'après avoir fréquenté les Sacrements ; servon
toujours le bon Dieu, et il ne nous abandonnera pas, aye
soin de votre salut, lisez et pratiquez ce qu'enseigne l
P. l'Aveugle, c'est un livre qui enseigne le chemin d
ciel, et sans faire ce qu'il dit, il n'y a pas de salut à espé
rer ; méditez les peines effroyables de l'enfer, on y endur
une éternité toute entière de souffrances, pour un seu
péché mortel qu'on commet si aisément ; efforcez-vou
d'être du petit nombre des élus.

Je vous remercie de toutes les bontés que vous avez eue
pour moi et des services que vous m'avez rendus, le bo
Dieu vous en récompensera ; procurez à mes frères et sœur
la même éducation que vous m'avez donnée, c'est le moye
de les rendre heureux dans le ciel ; sans instruction on n
peut se sauver. Je vous assure que vous êtes déchargés d
moi ; je vous ai beaucoup coûté, mais soyez assurés que
moyennant la grâce de Dieu, je profiterai de tout ce qu
vous avez fait pour moi ; ne vous affligez point de ce qu
je suis sorti des Chartreux, il ne vous est pas permis d
résister à la volonté de Dieu, qui en a ainsi disposé pou
mon plus grand bien et pour mon salut.

Je vous prie de faire mes compliments à mes frères e
sœurs, accordez-moi vos bénédictions, je ne vous fer
plus aucune peine ; le bon Dieu que j'ai reçu avant d
sortir, m'assistera et me conduira dans l'entreprise qu'
m'a lui-même inspirée : j'aurai toujours la crainte de Die
devant les yeux, et son amour dans le cœur...

Votre très-humble serviteur, BENOIT-JOSEPH LABRE
Montreuil, ce 2 Octobre 1769.

Ses nouvelles instances pour entrer à la Trappe échouè-
rent encore devant les exigences de la règle, fixant à
vingt-quatre ans l'âge de la réception des postulants. Il
partit donc pour l'abbaye de Notre-Dame-de-Sept-Fonts,
éloignée de plus de quatre-vingts lieues, dépourvu de
tout, vivant d'aumônes et s'essayant dès lors à l'exercice
d'une vertu qui deviendra son caractère distinctif. Il y
reçut l'accueil le plus bienveillant, y prit l'habit sous le
nom de frère Urbain et devint bientôt, par la régularité
de sa conduite, l'admiration des religieux et la joie de ses
supérieurs.

Mais le Ciel lui ménageait un nouveau sacrifice. Les
inquiétudes de conscience qu'il avait éprouvées à la Chartreuse, se renouvelèrent et altérèrent sa santé au point
que le médecin déclara qu'il ne pourrait soutenir la ri-
gueur de la règle. Bénoît accepta avec résignation la
décision qui l'éloignait d'un monastère où il avait goûté
d'abord tant de douces jouissances, mais ce ne fut pas
sans verser des larmes abondantes et sans laisser au milieu des religieux les regrets les plus profonds.

C'était ce moment qu'attendait la Providence pour lui
révéler ses desseins. En effet, en quittant le monastère
de Sept-Fonts, il comprit, par une illumination subite de
l'esprit et une impulsion irrésistible de la volonté, qu'il
devait marcher sur les traces de saint Alexis, abandon-
ner pour toujours sa patrie, sa famille et tous les biens

de la terre pour mener la vie la plus pauvre, la plus pénible et la plus pénitente, non dans un désert, non dans un cloître, mais au milieu du monde, en visitant en pèlerin les sanctuaires les plus renommés. Telle fut sa conviction à cet égard, qu'à toutes les observations qu'on lui fit au sujet de sa manière de vivre, il répondit invariablement : « Dieu le veut. » Et quand on se rappelle les efforts de ses parents pour le diriger vers la carrière ecclésiastique ; ceux qu'il fit lui-même pour se conformer à leurs désirs, ou pour embrasser l'état religieux, il est facile d'apercevoir la volonté de Dieu, qui l'appelait à ce genre de vie extraordinaire.

Benoît prit le chemin de l'Italie ; et écrivit à sa famille la lettre suivante :

Mon très-cher père et ma très-chère mère, vous avez appris que je suis sorti de l'abbaye de Sept-Fonts, et vous êtes sans doute en peine de savoir quelle route j'ai prise depuis, et quel état de vie j'ai envie d'embrasser.

C'est pour m'acquitter de mon devoir et vous tirer d'inquiétude que je vous écris cette présente ; je vous dirai donc que je suis sorti de l'abbaye de Sept-Fonts le 2 juillet ; j'avais encore la fièvre quand j'ai quitté le monastère, elle ne m'a abandonné qu'au quatrième jour de marche ; j'ai pris la route de Rome, je suis à présent bientôt à moitié chemin, je n'ai guère avancé depuis que je suis sorti de Sept-Fonts, parce que dans le mois d'août il fait de grandes chaleurs dans le Piémont où je suis, et que j'ai été retenu pendant trois semaines dans un hôpital, où j'ai été assez bien : au reste, je me suis bien porté depuis que je suis sorti de Sept-Fonts...

Je ne manque pas de prier Dieu tous les jours pour vous ; je vous demande pardon des peines que je peux vous avoir causées, et je vous prie de m'accorder vos bénédictions, afin que Dieu bénisse mes desseins ; c'est par l'ordre de sa providence que j'ai entrepris le voyage que je fais.

Ayez soin surtout de votre salut et de l'éducation de mes frères et sœurs ; veillez sur leur conduite, pensez aux flammes éternelles de l'enfer et au petit nombre des élus. Je suis bien content d'avoir entrepris le voyage que je fais ; je vous prie de faire mes compliments à ma grand'mère et à mon grand-père, à mes tantes, à mon frère Jacques, à tous mes frères et sœurs. Je finis en vous demandant derechef vos bénédictions et pardon des chagrins que je vous ai occasionnés.

Fait en la ville de Quiers en Piémont, ce 31 août 1770.

Votre affectionné fils,

Benoit-Joseph LABRE.

III.

DEPUIS SON DÉPART POUR ROME JUSQU'A

SA MORT.

Cette seconde partie de la vie du Bienheureux est une série de pélerinages aux sanctuaires les plus vénérés en Italie, en France, en Espagne, en Suisse, en Allemagne. Après sept années de courses non interrompues à travers ces diverses provinces, il se fixe enfin à Rome, vers 1777, ne quittant plus cette ville que pour

renouveler chaque année sa pieuse visite à Notre-Dame
de Lorette, à laquelle il conserva toujours une dévotion
particulière.

Connaissant désormais la volonté de Dieu, ne s'arrêtant plus même à la pensée du cloître, qui l'avait si
longtemps préoccupé, il passe en étranger sur la terre
où il n'a pas un toit pour s'abriter, ni une pierre pour
reposer la tête (1) ; il erre de contrée en contrée, seul,
sans ressources, sans autre protection que celle de la
Providence ; il voyage à pieds, souvent sans chaussures,
les jambes nues, couvert de haillons qu'il ne change ni
l'hiver ni l'été, et qu'il ne remplace que quand ils tom-
bent en lambeaux. Il porte au cou son chapelet ; sur sa poitrine un crucifix ; dans une besace suspendue par une cour-
roie qui passe sur son épaule, il renferme tout ce qu'il pos-
sède, c'est-à-dire quelques livres de piété, parmi lesquels
le Nouveau-Testament et son Bréviaire, qu'il récite tous
les jours. Il laisse les chemins battus pour suivre les sentiers solitaires et éviter toutes communications avec les
hommes, ne voulant converser qu'avec Dieu, dont il ne
perd jamais la présence. Il dort là où la nuit le surprend,
quelquefois dans les églises, dans les anfractuosités d'un
mur, ou sur la terre nue, exposé aux intempéries
des saisons. Un peu de pain détrempé dans l'eau fai-

____

(1) Matth. viii, 20.

sa nourriture ordinaire ; quand il en manque, il n'en demande pas, il mange les racines des arbres, l'herbe des champs, ou les légumes jetés dans la rue ; il vit, du reste, au jour le jour, ne conservant rien pour le lendemain, donnant aux pauvres ce qu'il a reçu en aumône, s'il n'en a pas un besoin urgent pour lui-même, car la charité de Jésus-Christ le presse (1).

Si l'occasion s'en présente, il console les affligés, soigne les infirmes, donne des conseils salutaires, raffermit la vertu chancelante, convertit les pécheurs par l'héroïsme de sa patience, obtient des faveurs du Ciel pour récompenser des actes de bienfaisance envers lui, et donne partout les plus-beaux exemples de piété, de résignation dans les souffrances, de détachement de toutes choses, de mortification, d'humilité et d'immolation entière à la volonté de Dieu.

Tel se montre constamment Benoît Labre dans ses longues pérégrinations, comme dans son séjour à Rome. Aux yeux du plus grand nombre, ce n'est qu'un pauvre déguenillé, un être inutile, une créature abjecte, dont on n'ose s'approcher, tellement il néglige tout ce qui touche aux soins physiques. Mais sous ces lambeaux souillés il porte un corps d'une pureté céleste, et sous cette grossière enveloppe une âme d'autant plus noble

(1) II Cor. v, 14.

qu'elle est plus ignorée, d'autant plus magnanime qu'elle est plus méprisée des autres et qu'elle se méprise davantage elle-même.

Parti de Sept-Fonts le 2 juillet 1770, il n'arriva à Lorette que le 6 novembre de la même année, parce qu'il s'arrêtait dans tous les endroits où il pouvait satisfaire sa dévotion. Il lui tardait néanmoins de voir la *Santa Casa*, c'est-à-dire la maison de la très-sainte Vierge, transportée par les anges de Nazareth en Italie, comme le prouve le pape Benoît XIV, et l'un, par conséquent des sanctuaires les plus vénérables de la chrétienté. Bien qu'il n'y restât que douze jours dans cette première visite, il y reçut de la Mère de Dieu, des grâces abondantes qui lui inspirèrent une prédilection toute particulière pour ce saint Lieu, et il y laissa les impressions les plus favorables sur sa vertu. On put, du reste, admirer dès lors son détachement absolu, qui fut, comme on l'a vu déjà, le trait caractéristique de sa vie. Le P. Bodesti, auquel il s'était confessé, lui ayant fait offrir un logement et une aumône pécuniaire, il refusa honnêtement et lui dit : « Je vous remercie, mon « père, d'autres sont plus pauvres que moi, veuillez « leur réserver ce secours. » Il avait pris la résolution, en commençant sa carrière de pèlerin, de ne rien recevoir de ses confesseurs, ni par leur intermédiaire, et il y fut fidèle dans la suite.

De Lorette, Benoît se dirigea vers Assise pour y vénérer les reliques de saint François et se faire inscrire dans l'archiconfrérie, instituée par Sixte-Quint, en 1585. Son intention était d'appartenir et de s'unir par quelque lien au père Séraphique dont il se proposait d'être le parfait imitateur. Depuis ce moment, il contracta l'habitude de prier les mains croisées sur la poitrine, pour représenter les insignes de l'ordre des Franciscains, qui sont *deux bras en croix*, symbole de l'union des diverses branches de la famille du patriarche; il demeura fidèle aux pratiques de cette pieuse association, et, à sa mort, on le trouva ceint du cordon qu'il avait reçu le jour où il y était entré.

Le Bienheureux arriva à Rome le 3 décembre et fut reçu pendant trois jours dans l'hospice fondé pour les pélerins français, en 1478. Pendant ce premier séjour dans la ville éternelle, il prenait un léger repas à la porte d'un monastère et passait la journée dans les églises ou devant les madones qui ornent les rues et les places publiques. Pour reposer la nuit, il avait fait choix d'une espèce de niche pratiquée dans un mur et que l'abbé Carézani décrit en ces termes : « Je vis une « grotte basse, sous un escalier, et un jeune homme à « qui ce trou servait de retraite nocturne. Il en sortait à « ce moment même plié en deux, à cause du peu d'élé- « vation de l'ouverture, vêtu misérablement; mais sa

« physionomie démentait ce costume : car elle annon-
« çait une modestie et une politesse peu communes
« parmi les gens de sa condition ; sa figure respirait
« l'humilité et le calme d'une belle âme ; elle n'accusait
« guère plus de vingt ans ; son teint était pâle et au
« menton commençait à poindre un peu de barbe rous-
« sâtre. »

Après avoir pendant cinq mois environ payé le tribut
de sa dévotion aux principaux sanctuaires de Rome, il
voulut vénérer à Fabriano le corps de saint Romuald,
fondateur des Camaldules, qui, à vingt ans, comme
Benoît lui-même, s'était voué à une vie pauvre et ignorée. Son passage fut remarqué dans cette petite ville et
plusieurs faits très-authentiques, rapportés par les historiens, montrent que Dieu favorisait déjà son serviteur
du don de prophétie. Aussi, il s'en éloigna bientôt,
pour se dérober aux éloges, et après avoir rendu une
seconde fois ses hommages à Notre-Dame de Lorette,
il partit pour le royaume de Naples, s'arrêtant un jour
sur le mont Gargan, célèbre par l'apparition de l'ar-
change saint Michel, et se rendant ensuite à Bari pour
prier au tombeau de saint Nicolas. Il y donna un de ces
exemples de patience qu'on ne peut voir sans étonne-
ment. Comme il allait à l'église, selon sa coutume, un
homme connu par sa méchanceté, lui lance une pierre
et l'atteint à la cheville ; le coup est tellement violent

qu'il fait jaillir le sang en abondance et chanceler le jeune pélerin. Benoît s'arrête, serre vivement ses bras sur son crucifix, et sans regarder d'où lui vient cette injuste agression, il lève les yeux au Ciel, prie pour le coupable, baise le caillou qui l'a si cruellement blessé, et poursuit son chemin en silence, marchant avec grande peine.

Voici comment un habitant de Bari exprimait son admiration pour notre saint jeune homme : « Son air de « mansuétude, son regard angélique, son amour pour « le prochain opéraient de véritables prodiges. Cette belle « âme, perpétuellement absorbée en Dieu, quoiqu'elle « fût encore dans les liens de la mortalité, sanctifia de « sa présence notre heureuse patrie, durant quelques « semaines. Nouvel Antoine et nouveau Pacôme, il ne « se nourrissait que de pain et d'eau, couchait sur la « terre nue, et son corps exténué de jeûnes et d'absti- « nences, était encore martyrisé par les pointes d'un « cilice de nouvelle invention ; aussi, nos bons conci- « toyens le préconisaient déjà comme un saint. »

Le Bienheureux quitta Bari pour aller à Naples, dans la pensée d'honorer saint Janvier, dont les miracles avaient tant de retentissement ; et lorsqu'il eut satisfait sa piété, il repartit pour Rome, en passant par le monastère du Mont-Cassin, où sa mémoire est demeurée en bénédiction.

On croit généralement que vers cette époque il eut le désir de revoir l'abbaye de Sept-Fonts et qu'il y fit plusieurs visites, sans toutefois se laisser reconnaître ; tout ce qu'il y a de certain, c'est qu'en 1773 il passa cinq mois dans la ville de Moulins en Bourbonnais, avant de commencer son pélerinage d'Espagne. On y montre encore une des maisons où il fut reçu pendant son séjour. Il logeait dans un grenier et couchait sur un peu de paille ; mais, dit un témoin oculaire, il passait presque toute la nuit en prières, « après avoir demeuré tout le jour dans « l'église collégiale. On l'entendit souvent se flageller du-« rement et l'on surprit au fond de sa couche un fouet de « cordes armées de pointes de fer. »

A Moulins, comme partout ailleurs, Benoît s'approchait fréquemment de la sainte Table. Un jour, le prêtre sacristain jugeant qu'il n'était pas convenable qu'un laïque aussi mal vêtu reçût si familièrement le Dieu de toute majesté, lui ordonna de se retirer de la table de communion où il était agenouillé avec les autres fidèles : le serviteur de Dieu, nullement ému de ce pénible affront, se retira sans se plaindre. Les jours suivants il subit la même humiliation avec non moins de patience : le Curé, apprenant par les paroissiens ce trait de profonde humilité, lui permit de communier aussi souvent qu'il le désirerait et blâma sévèrement le zèle indiscret de son subordonné. Le souvenir des vertus du Bienheureux s'est perpétué dans cette ville, ainsi que celui de plusieurs guérisons miraculeuses opérées par ses prières.

Il quitta Moulins pour parcourir les pélerinages les plus célèbres de l'Espagne. Il séjourna à Barcelone, visita la grotte de Manrèze, en mémoire de saint Ignace, passa par Sarragosse pour honorer Notre-Dame du Pilier, qui attire dans cette ville une foule de pélerins de toutes les contrées, par Burgos, où l'on vénère un Crucifix miraculeux, et arriva à Saint-Jacques de Compostelle, but principal de son voyage, où il demeura plus d'un mois, donnant les mêmes exemples de piété et de mortification.

En revenant d'Espagne à Rome, il traversa Montpellier, Lunel, Aix, Marseille, Nice et Lucques, où il se prosterna devant le remarquable Crucifix connu sous le nom de *Rex-tremendæ-Majestatis.*

Arrivé à Rome pour le jour de Pâques de l'année 1774, il y rencontra Louis Delforce, de la paroisse de Nédon, dont il avait, comme on se le rappelle, fréquenté l'école dans son enfance. Cet homme venu, de son côté, pour visiter les tombeaux des saints Apôtres, ayant reconnu son compatriote, lui demanda s'il voulait le charger d'une lettre pour ses parents, afin de les consoler et de les rassurer sur sa situation. « Offrez-leur, lui dit-il, « mes sentiments affectueux ; dites-leur que je suis heu- « reux et content : quant à leur écrire, il n'est pas né- « cessaire, et au besoin, je me servirai de la poste. »

Delforce s'acquitta de la commission, et ce furent là les dernières nouvelles que sa famille reçut de lui avant sa mort.

A ce nouveau séjour de Rome, Benoît fit choix du Colysée pour y passer les nuits, se trouvant par là plus à portée d'y faire chaque jour le chemin de la Croix. On sait que ces restes du plus vaste monument de la puissance romaine, offraient un grand nombre d'arcades, la plupart en ruines, où régnaient une solitude profonde, des ténèbres épaisses, un silence lugubre. C'est dans une de ces espèces de cavernes que sur un peu de paille étendue par terre, il accordait à regret à son corps le court repos qu'il ne pouvait lui refuser. Toutes les heures qu'il dérobait au sommeil il les consacrait à de doux entretiens avec Dieu. Le souvenir des Martyrs, immolés dans cette même enceinte, sous les dents des plus cruels animaux, soutenait son courage et animait son esprit de sacrifice. La voie parcourue par le Sauveur du monde et représentée par les quatorze stations qui entourent cette arène, avait pour lui mille attraits ; aussi, combien de fois la suivit-il silencieusement durant les longues nuits qu'il passa dans cet effrayant asile.

C'est vers cette époque qu'il faut placer ses pélerinages dans la haute Italie, la Suisse, où il s'arrêta surtout à Notre-Dame des Hermites, la Franche-Comté, où il retira de l'eau un jeune homme et lui sauva la vie au péril de la sienne ; l'Allemagne et Constance en particulier, où l'on conserve la mémoire de ses étonnantes austérités. De retour à Rome, il reprit sa retraite au Colysée et ses dévotions ordinaires.

Le P. Gabrini, qu'il avait alors pour directeur, voulut connaître d'une manière certaine l'esprit qui animait son pénitent. Il lui défendit donc de demeurer oisif et errant comme il l'avait fait jusque-là et lui ordonna de s'appliquer à quelque chose. — « Je le veux bien, dit « Benoît, mais n'ayant fait l'apprentissage d'aucun état, « je ne sais à quoi m'adonner. — Mettez-vous en service, « répond le confesseur. — Volontiers, pour vous obéir, « dit-il ; mais je ne suis bon qu'à laver la vaisselle dans « quelque cuisine. » Il se livre en vain à des recherches pour rencontrer une maison où il pourra remplir cet humiliant emploi ; on lui fait remarquer qu'il est trop malpropre dans sa tenue et trop faible de santé pour trouver une personne qui veuille de lui, et il se hâte d'en informer le R. P. Gabrini, en se soumettant à tout ce qu'il voudra exiger de lui. Sa docilité à laisser son genre de vie, malgré l'énorme sacrifice qu'il imposait à ses goûts ; son humilité profonde dans le choix de la condition la plus méprisée ; taisant soigneusement sa naissance, ses parents, ses études, pour ne parler que de son incapacité, donnèrent à l'habile directeur la preuve que Dieu le conduisait à la plus haute perfection par la voie qu'il suivait avec tant de persévérance. Cette épreuve rappelle celle qu'employèrent plusieurs Évêques pour s'assurer de la vertu de saint Siméon Stylite, lorsqu'au nom de l'obéissance ils lui ordonnèrent de descendre de la colonne au haut de laquelle il voulait mourir. Sa prompte soumission témoigna qu'il était animé de l'esprit de Dieu, en suivant ce genre de vie si singulier et si bizarre aux yeux du monde, et les Évêques lui permirent de le continuer.

En 1777, Benoît se fixa enfin à Rome, n'en sortant plus qu'une fois chaque année pour aller à Notre-Dame de Lorette. Sa santé fortement altérée l'avait forcé de recevoir l'hospitalité dans un asile des pauvres ; une maladie grave, dont la source est facile à deviner, l'avait mis aux portes du tombeau. A peine rétabli, il reprit ses habitudes ordinaires. Dire les mille traits d'humilité, de mortification, de patience et de piété rapportés par les auteurs de sa vie, serait tomber dans des répétitions intéressantes, si l'on veut, mais inutiles pour prouver la sainteté du serviteur de Dieu. On sait qu'au chemin de la Croix qu'il faisait assidûment, qu'à l'assistance aux prières des 40 heures, qui le fit nommer *le pauvre des 40 heures*, il joignit la dévotion au *saint Escalier*, qu'une pieuse tradition assure être celui du prétoire de Jérusalem, monté par le Sauveur, quand il fut traduit devant Pilate, et qui se compose de vingt-huit degrés de marbre. Il le gravissait à genoux, abîmé dans une contemplation

qui durait des heures entières. On sait également le mépris qu'il faisait de son corps, l'oubli de ses besoins les
plus indispensables, le soin qu'il avait de donner aux
autres pauvres les vêtements, la nourriture et les aumônes pécuniaires qu'il recevait. On sait avec quelle joie
il souffrait les humiliations, les mépris et les affronts
auxquels l'exposaient sa misère et sa manière de vivre
extraordinaire ; on sait son horreur pour le mal et les
mauvais traitements qu'il eut à subir pour avoir voulu
l'empêcher. Voyant un jour des enfants s'amuser d'une
manière indécente, il leur dit : « Mes enfants, Dieu ne
« vous a pas créés pour l'offenser. » A ces mots, cette
troupe de jeunes étourdis l'accable d'injures et le poursuit à coups de pierres ; et comme un passant voulait le
défendre, il lui dit : « Laissez-les faire ; si vous me con-
« naissiez, vous vous joindriez à eux et vous en feriez
« encore plus qu'ils n'en font. » Un soir, des jeunes gens
le prenant pour un insensé lui firent mille outrages, lui
enlevèrent son chapeau, lui donnèrent des soufflets et lui
arrachèrent la barbe, sans qu'il fît le moindre mouve-
ment pour se défendre, ni pour se soustraire à leur bru-
talité. Une autre fois, il adressa des avertissements sévères à des hommes qui blasphémaient le saint Nom de
Dieu ; ces impies le renversèrent par terre, le frappant à
coups de bâton ; et, lui, disait tout haut qu'il méritait de
souffrir davantage encore. Cette patience si prodigieuse

fit tant d'impression sur ces hommes coupables, qu'ils se convertirent sincèrement à Dieu.

Il ne fuyait pas seulement le péché, mais l'ombre même du péché lui inspirait de vives alarmes. Il évitait avec soin les louanges; il quittait immédiatement les lieux où l'on avait remarqué ses vertus, et ne pouvait supporter la pensée qu'on eût pour lui quelques égards se regardant comme le rebut de ses frères et voulant être l'escabeau de leurs pieds. Le P. Temple, qui fut un des directeurs de sa conscience et eut avec lui de longs entretiens dans plusieurs de ses visites à Notre-Dame de Lorrette, dit qu'il n'avait jamais rencontré autant de lumières spirituelles, ni d'aussi solides vertus; il ajoutait qu'il ne pouvait retenir ses larmes à la vue d'un prodige si étonnant de la grâce dans un jeune homme de vingt-huit ans, d'une pureté si angélique, qu'il n'avait pu ni par lui-même, ni par d'autres, découvrir en lui l'apparence du mal.

IV.

DEPUIS SA MORT JUSQU'EN JUILLET 1860.

Il était facile de prévoir que Benoît ne supporterait pas durant de longues années, cette vie de privations et d'austérités effrayantes, qui n'était qu'un véritable martyre volontaire. Ses forces, en effet, diminuaient d'une manière sensible ; ceux qui lui portaient intérêt en concevaient de justes alarmes ; ils eussent voulu le voir user de quelque ménagement et se relâcher des rigueurs auxquelles il se condamnait : mais il aurait fallu un ordre exprès de la part de ses supérieurs pour l'y déterminer, et ses directeurs, après l'avoir suivi dans le détail de ses actions, étaient si persuadés que le Ciel lui-même le conduisait par ces voies extraordinaires, qu'ils crurent devoir respecter sa règle de conduite.

Non-seulement il ne se permit aucun adoucissement, mais il redoublait de zèle et de ferveur, à mesure qu'il approchait du terme où il quitterait la terre pour se réunir à son Bien-aimé. Depuis quelques années il avait une prédilection marquée pour l'église de Notre-Dame-des-Monts ; il y passait les journées entières, les bras croisés sur la poitrine, dans une attitude qui ressemblait à l'extase. Plusieurs personnes attestent l'y avoir vu environné d'un rayon lumineux, le visage embrasé comme celui d'un chérubin, le corps soulevé de terre par la violence des mouvements qui le portaient vers Dieu. C'était comme un avant-goût du bonheur céleste après lequel son âme soupirait si ardemment.

Le vendredi de la semaine de la Passion, de l'année 1783, dit l'abbé Marconi, dont nous ne faisons qu'abréger le récit si touchant, Benoît vint me trouver et s'entretint assez longtemps avec moi. Contre son usage, il avait un bâton sur lequel il s'appuyait. En voyant son extrême faiblesse, son visage exténué, son corps décharné, je ne pus m'empêcher de me dire à moi-même : « Voilà « l'état où l'ont réduit ses austérités, il va mourir martyr « de sa pénitence. »

Le saint homme me répéta des choses qu'il m'avait déjà dites plusieurs fois et qui me regardaient personnellement. Pour ce qui le concernait lui-même, je ne trouvai pas le moindre embarras de conscience, nulle tentation, nulle inquiétude ; cette belle âme jouissait d'une paix inaltérable. Quoiqu'il fût d'une extrême faiblesse, je ne croyais pas néanmoins qu'il touchât au terme de sa carrière et qu'il allât prendre son essor vers le séjour des Bienheureux. Une circonstance cependant aurait dû m'en donner le pressentiment. Jamais il ne manquait de me demander quel jour il devait revenir me trouver ; cette fois, au contraire, il me salua avec une profonde inclination, sans me rien dire et me faisant par là ses derniers adieux. En me quittant, il se rendit à l'église de Saint-Ignace pour y communier.

Le mercredi saint, 16 avril, après avoir prié pendant plusieurs heures, selon sa coutume, dans l'église de Notre-Dame-des-Monts, il éprouva une faiblesse mortelle, qui lui permit à peine de se traîner jusqu'au portail, où il tomba sans connaissance. Revenant à lui-même et se voyant environné d'une foule de personnes qui s'empressaient de lui porter secours, il demanda d'une voix mourante un verre d'eau, qu'il offrit à Dieu, en laissant échapper des soupirs enflammés vers le Ciel et remercia affectueusement les assistants.

On le pressa de se laisser transporter à l'hôpital, ou d'accepter l'hospitalité que beaucoup lui offraient avec un sentiment de tendre compassion ; mais en se montrant très-reconnaissant de ces soins charitables, il refusa d'en profiter. La Providence, sans doute, voulait récompenser un homme de bien, — le sieur Zaccarelli, boucher, — de l'amitié qu'il avait toujours eue pour Benoît et de l'intérêt qu'il lui avait témoigné dans toutes les rencontres, en lui procurant la consolation de le voir mourir dans sa maison : à sa prière, en effet, le serviteur de Dieu s'y laissa transporter.

Le R. P. Piccilli, informé de l'état alarmant où il se trouvait, accourut aussitôt, et s'approchant de son lit funèbre, il lui demanda s'il avait reçu les Sacrements depuis peu. Benoît lui répondit affirmativement, et ajouta qu'avec la grâce de Dieu il n'avait rien sur la conscience qui lui fît peine. Ce furent ses dernières paroles ; un instant après, il rendait le dernier soupir sans agonie, au milieu des prières et des pleurs de ceux qui l'entouraient, à l'âge de 35 ans et 21 jours.

Dieu ne tarda pas à montrer combien cette mort était précieuse à ses yeux. A peine son serviteur avait-il cessé

de vivre, qu'il voulut environner d'hommages sa d
pouille mortelle. Le vénérable Pauvre avait méprisé cet
enveloppe terrestre, et voilà que le Ciel lui procure l
honneurs funéraires, réservés à la grandeur ou à la r
chesse; et ces honneurs sont tels qu'on n'avait rien vu
semblable à Rome, depuis saint Philippe de Néri.

Quand le bruit de sa mort se répandit dans la ville,
entendait répéter de toutes parts : *Le Saint est mort;
nouvel Alexis a quitté ce monde pour aller au Ciel: no
ne verrons donc plus le pauvre de J.-C., des 40 heure
de Notre-Dame-des-Monts.* Tous les visiteurs donnaie
au défunt le nom de Saint ; c'était un concert unani
de louanges ; on redisait ses vertus, on rappelait mil
traits de charité, d'héroïque patience, de ferveur sér
phique, de prodigieuses austérités; on félicitait la famil
qui avait eu le privilège de recueillir le Bienheureux
ses derniers moments ; on s'agenouillait devant ce cor
inanimé, tout à l'heure encore le rebut des hommes ;
y faisait toucher des chapelets ou des médailles ; on ba
sait avec respect ses pieds et ses mains ; on se disputa
quelque parcelle de ce qui lui avait appartenu ; déjà o
invoquait sa protection auprès de Dieu et auprès de Mari
qu'il avait tant aimée. Mais laissons parler un témoi
oculaire :

« Je trouvai Benoît, dit l'abbé Marconi, son dernie
directeur, environné d'une multitude innombrable qi

croissait d'un moment à l'autre et ne se lassait pas de lui donner des marques de vénération. On ne s'imagine pas aisément un pareil spectacle et il est impossible de le décrire. On fit venir un détachement de soldats pour contenir la foule qui envahissait la maison de Zaccarelli et empêcher le désordre, jusqu'à ce que le corps fût porté dans l'église de Notre-Dame-des-Monts, où il priait presque continuellement dans les derniers temps de sa vie. On l'y déposa près de la sacristie, et dès ce moment des personnes de tout âge et de toute condition accouraient de toutes parts ; les sentinelles ne pouvaient suffire pour garder le corps et la porte à la fois ; les seigneurs du plus haut rang attendaient dans leurs carrosses l'heure favorable pour pénétrer jusqu'au cercueil, et j'en ai vu qui ne purent avoir cet avantage, tellement l'église était encombrée.

« Tout le monde s'empressait à l'envi de donner des marques de dévotion au serviteur de Dieu : les uns se prosternaient à ses pieds, ceux-là l'invoquaient avec ferveur, tous marquaient leur surprise et leur admiration en touchant ses pieds, ses mains, ses chairs et les trouvant molles et flexibles, dans un état qui n'avait rien de naturel, sans odeur et sans corruption. Comme plusieurs personnes avaient reçu des grâces particulières en le touchant, tout le monde voulait avoir la même faveur.

« Pour satisfaire plus aisément aux vœux du public,

on exposa le corps en divers endroits de l'église, on doubla la garde, on ne laissa que deux portes ouvertes, l'une pour entrer et l'autre pour sortir. Mais toutes ces précautions ne maintinrent pas l'ordre ; l'église était toujours comble, les environs étaient pleins d'une foule immense, les places et les rues voisines ne suffisaient pas aux voitures ; je ne crains pas de le répéter, de mémoire d'homme, on n'a rien vu qui puisse se comparer au spectacle dont nous avons été les témoins.

« Par ordre de Mgr le Cardinal-vicaire, et pour ne pas contrarier la piété des fidèles, l'inhumation n'eut lieu que le soir du dimanche de Pâques, dans un lieu honorable et particulier de l'église. »

Des miracles nombreux se firent sur son tombeau et confirmèrent l'opinion générale sur sa sainteté. On en compta plus de deux cents dans cinquante villes diverses, dont plusieurs furent constatés de la manière la plus authentique. Ces prodiges parurent si frappants à M. Tayer, ministre anglican, qu'il se convertit à la religion catholique, se fit prêtre et missionnaire en Amérique, sa patrie, et mourut en Irlande en 1816.

On commença immédiatement après sa mort le procès de sa canonisation, et dans la même année 1783, la Congrégation des Rites lui accorda le titre de *Vénérable*.

Le bruit de ses vertus et des miracles opérés à sa mort se répandit bientôt en France. Mgr de Pressy, évêque de Boulogne, dans le diocèse duquel le Bienheureux était né, nomma une commission composée des ecclésiastiques les plus éclairés de sa ville épiscopale pour instruire cette cause si intéressante pour son Eglise en particulier et donna un magnifique Mandement où il exprimait son admiration pour son vénérable diocésain. Voici ce que dit M. Coquatrix, auteur de l'Oraison funèbre de ce pieux et savant Prélat, pour faire connaître ses sentiments envers Benoît Labre : « Et vous, humble serviteur de Dieu, pauvre de Jésus-Christ, qui ferez à jamais la gloire de ce diocèse, vous qui avez caché sous la plus vile apparence les plus riches trésors de vertus et de grâces ; vous qui semblez n'être né dans ce prétendu siècle de lumière, siècle de présomption et d'orgueil, que pour confondre la sagesse du monde et pour donner aux hommes un exemple frappant de cette folie de la Croix, qui est la force et la puissance de Dieu, avec quelle confiance le pieux Prélat s'adressait à vous ! Quelle joie, quelle consolation votre mort précieuse porta dans son cœur ! Il la regardait comme une des plus grandes bénédictions que Dieu eût données à son épiscopat. On le vit reprendre à cette époque une nouvelle vigueur ; on le vit redoubler d'estime pour les vertus abjectes que l'humble Benoît avait portées à un si haut degré, et ces grands exemples servirent à nourrir et animer encore la ferveur du pieux Evêque. Dieu lui ménageait sans doute ces derniers encouragements pour perfectionner sa vertu et mettre le comble à ses mérites. »

Dès 1785, on s'attendait généralement à le voir béatifier, et la *Gazette de France* annonçait à cette époque qu'on allait publier la bulle de sa canonisation. Mais Rome, qui agit toujours avec une sage lenteur, ne répondit pas à ces vœux ardents, bien qu'ils lui fussent envoyés par sept Cardinaux, soixante Archevêques ou Évêques de toutes les parties de la catholicité, par plus de quarante Chapitres et Communautés religieuses, par les magistrats et les principaux habitants de l'Italie. Elle voulut réunir toutes les pièces du procès, écouter les accusations des adversaires du Bienheureux, le suivre pas à pas depuis sa plus tendre enfance jusqu'à sa mort, interroger tous les souvenirs, fouiller toutes les archives des lieux qu'il avait habités ou parcourus en pélerin, discuter ses dévotions, ses vertus, ses austérités, ses miracles et jusqu'à ses actions les plus indifférentes et les plus fugitives.

Ces investigations et procédures, commencées en 1783, se continuèrent jusqu'en 1793 ; reprises en 1798, elles subirent une nouvelle interruption en 1808, jusqu'en 1814. Depuis cette époque les débats de ce long procès étaient suivis avec un zèle et une persistance dont il y a peu d'exemples et on en attendait le résultat avec une sainte impatience et une non moins grande anxiété,

lorsqu'au mois de juin de l'année dernière, parut le décret de notre saint père le Pape Pie IX *sur la béatifi-*
cation et la canonisation du vénérable serviteur de Dieu,
Benoît-Joseph Labre, qui combla de joie tous les vrais
fidèles et en particulier les habitants de l'Artois, patrie
du Bienheureux. On lit dans ce décret : « Quoique parmi tous les prodiges opérés par l'intercession du vénérable Benoît-Joseph, il dût suffire, d'après les règles,
d'en présenter deux acquis à la cause pour obtenir la
béatification, les postulateurs voulant offrir une démonstration plus manifeste et plus éclatante de l'intervention
divine, ont cru devoir en choisir trois pour les soumettre
à la Congrégation des Rites. Il a été décidé solennelle-
ment qu'il y a preuve certaine de trois miracles, savoir :
le premier du second degré, dans la guérison instantanée et complète de Marie-Rose de Luca, malade de
phthisie pulmonaire ; le deuxième du troisième degré,
dans la guérison instantanée et complète de Thérèse Tar-
tufoli, affligée d'un ulcère invétéré, sinueux, fistuleux et
calleux ; le troisième du second degré, dans la guérison
instantanée et complète de sœur Angèle-Joseph Marini,
atteinte d'une obstruction invétérée, schirreuse, lapidaire
de la rate, compliquée de symptômes graves et de diverses autres maladies.

Ce décret porté en juin 1859, dans les actes de la
S. Congrégation des Rites et promulgué par ordre du

Souverain Pontife, vient de donner lieu à la fête solen-
nelle dont nous donnons une légère idée.

FÊTE

CÉLÉBRÉE A ROME LE DIMANCHE 20 MAI DERNIER A
L'OCCASION DE LA BÉATIFICATION DE BENOÎT-JOSEPH
LABRE.

Voici le récit du *Journal de Rome* :

Dimanche, 20 de ce mois, on a célébré, selon le désir
du Saint-Père, dans la basilique de Saint-Pierre, la fête
du bienheureux Benoît-Joseph Labre.

La messe a été célébrée par Mgr Vitelschi, archevêque
de Séleucie, chanoine du Vatican. On a exécuté la musique
à deux chœurs du maestro Boroni.

M. le marquis de Cadore, chargé des affaires de France,
avec les attachés de l'ambassade et l'état-major de l'armée
française conduit par le général de Goyon, ont assisté à la
cérémonie destinée à célébrer au Vatican la gloire d'un
serviteur de Dieu appelé à jeter un nouveau lustre sur la
nation, fille aînée de l'Église. S. Exc. le duc de Gramont
ambassadeur, a eu le regret de ne pouvoir y assister, sa
santé ne le lui a pas permis.

On remarquait à la cérémonie un grand nombre de
personnages venus de France : Mgr Parisis, évêque d'Arras,
au diocèse duquel se trouve aujourd'hui réuni celui de
Boulogne dans lequel est né le bienheureux Labre ; Mgr
Haffreingue, fondateur de l'institution catholique de Boulogne qui, plein de foi dans la Providence, a déjà presque
achevé la reconstruction de la cathédrale détruite jusque

dans ses fondements par la fureur révolutionnaire de 1793. Ce sanctuaire de la Vierge est visité par les fidèles de toute la France, et c'est là que Labre est allé en pélerinage ; l'abbé Decroix, curé d'Amettes, patrie du serviteur de Dieu ; ce vénérable prêtre septuagénaire a voulu être témoin de cette grande fête pour la raconter à ses paroissiens ; Mgr Scott, camérier secret de S. S., curé-doyen d'Aire, dans le diocèse d'Arras ; le comte de Nédonchel ; M. Abot de Bazinghem ; M. Gros de Boulogne, et autres personnages distingués par leur position sociale. Il y avait aussi trois neveux du Bienheureux ; l'abbé Flageolet, diacre ; le frère Fortuné, des écoles chrétiennes, et la sœur Philomène, fille de Charité, fondatrice de la maison de son ordre à Smyrne, et l'abbé Dumetz, parent aussi du serviteur de Dieu, avec plusieurs autres ecclésiastiques du diocèse.

Vers les six heures après-midi, le Saint-Père, accompagné du Sacré Collége et de sa noble antichambre, est venu dans la basilique pour vénérer le serviteur de Dieu que son autorité avait élevé à l'honneur des autels. Le postulateur, en offrant les présents d'habitude portés par les parents du Bienheureux, a rendu grâce à Sa Sainteté. Mgr l'Évêque d'Arras a ensuite adressé au Saint-Père un discours en latin, auquel il a répondu dans la même langue.

Une foule immense encombrait la basilique, où scintillaient plus de quatre mille bougies. Le soir, l'église de Saint-Louis-des-Français, celle de la Madone des Monts, et celle des Franciscains étaient illuminées.

Rarement, dit un témoin oculaire, l'Église romaine déploya plus de pompe en pareille circonstance, et il est difficile de contempler un spectacle plus grandiose et plus touchant à la fois. On évalue à quarante mille le

nombre des assistants, et on ajoute que les frais diver
se sont élevés à plus de cent mille francs.

On lit dans une correspondance particulière :

L'ambassade française, moins le duc de Gramont, empêch
pour cause de santé, ayant à sa tête le marquis de Cadore
l'état-major de l'armée française, conduit par le généra
de Goyon ; Mgr Parisis, Évèque d'Arras, de Boulogne et d
Saint-Omer; Mgr de la Tour d'Auvergne, auditeur de Rote
Mgr Haffreingue, protonotaire apostolique ; le curé d'A
mettes, où le Saint est né; trois neveux du Bienheureux
enfin plusieurs habitants notables du Pas-de-Calais étaien
venus dans l'église Saint-Pierre assister au triomphe solenne
de cet enfant de la France, protecteur de notre patrie auprè
du Tout-Puissant et désormais proposé par l'Eglise à l'imita
tion, au culte et à l'invocation des fidèles, comme à leu
admiration. Quelle leçon pour ces sages du monde tan
épris de leur science profane et pour les amateurs de
jouissances terrestres, que cette suprème élévation d'u
pauvre, manquant de tout, ignoré de tous pendant sa vie,
élévation à laquelle applaudit le monde catholique tou
entier.

PROJET DE FÊTE

DE L'INAUGURATION DES RELIQUES

DU BIENHEUREUX BENOIT-JOSEPH LARBE

A ARRAS.

Si nous sommes bien informé, Sa Grandeur, Mgr Parisis, aurait rapporté de Rome, pour son Église cathédrale une relique insigne, la partie haute de la tête du Bienheureux, et deux autres reliques destinées, l'une à Notre-Dame de Boulogne, et l'autre à Amettes, qui sont la rotule des genoux. On assure que des fêtes particulières auront lieu dans ces deux églises le jour où elles recevront ce précieux dépôt de la main de l'Évêque du diocèse. Ce qui n'est pas douteux, c'est l'établissement d'un pélerinage aux lieux qui posséderont cet inestimable trésor, et en particulier à Amettes, déjà si fréquenté par une foule de pélerins.

La solennité, à laquelle sont invités vingt-huit Archevêques et Évêques de France et de Belgique, commencera le dimanche 15 juillet prochain, et durera trois jours. Chaque jour il y aura à la Cathédrale des Offices chantés et un Sermon par l'un des Évêques présents. On parle de Mgr l'Archevêque de Rouen, de Mgr de Poitiers et de Mgr de Nîmes, comme ayant accepté la mission de nous entretenir des vertus de notre saint compatriote : mais quoi qu'il en soit, ce beau sujet ne peut manquer d'avoir d'éloquents interprètes dans la personne des augustes Prélats qui viendront par leur présence rehausser l'éclat de cette pompeuse cérémonie.

La procession extérieure se fera le dimanche, afin que l'absence des travaux ordinaires permette à toute la population de la ville et d'une partie considérable du diocèse d'y assister. On s'occupe activement de son organisation depuis plusieurs mois et les préparatifs sont de telle nature, qu'on peut s'attendre à l'une des plus belles démonstrations religieuses qu'on ait vues dans la contrée.

Des groupes nombreux, diversement costumés, symbolisant les phases variées de la vie de Benoît Labre, ses pérégrinations, ses vertus et les pays qu'il a parcourus, donneront à cette marche triomphale un aspect curieux et saisissant.

Sa statue, faite par une main habile, redira les traits de ce noble pauvre de Jésus-Christ, cette attitude de recueillement et cette pose extatique, où son visage enflammé et ses yeux amoureusement levés vers le ciel, annoncent un cœur de Séraphin, une âme étrangère à la terre et toujours immolée sur l'autel du sacrifice. Tous les yeux se fixeront sur cette image bénie de l'enfant de l'Artois, toutes les voix chanteront à l'envi ses louanges, tous lui adresseront leurs vœux et invoqueront sa puissante protection.

Inutile de dire ce que sera ce cortège composé de tant d'illustres Pontifes, revêtus de tous les insignes de leur haute dignité, et de cette multitude de prêtres de la ville et de toutes les parties du diocèse, pressés par des flots de peuples, avides de contempler ce magnifique spectacle ; tout le monde le conçoit sans peine.

Ce côté extérieur cependant, malgré tout ce qu'il a de magnifique, n'est pas le plus intéressant pour une âme réfléchie : les esprits sérieux seront bien plus frappés de voir tant d'honneurs accumulés sur le plus petit des enfants des hommes et ils méditeront en silence cette parole de la sainte Écriture, qui trouve ici sa complète réalisation : « *Celui qui s'abaisse sera élevé* (1). »

Nous apprenons que la fête d'Amettes sera célebré le jeudi, 19 juillet prochain, et aura tout l'éclat que pourront lui donner le zèle et la piété des habitants de la contrée.

____

(1) Luc, xiv, 2.

NEUVAINE

DU BIENHEUREUX BENOIT-JOSEPH LABR[E]

RÉFLEXIONS PRÉLIMINAIRES.

1° Le culte des Saints doit avoir surtout pour but l'i-
mitation de leurs vertus. Il ne suffit pas de fréquenter le
lieux où reposent leurs reliques, d'orner leurs autels, d
leur adresser des hommages et d'invoquer leur puissan
protection. C'est là, peut on dire, l'extérieur et n
l'âme de la vraie dévotion. S'arrêter à ces actes, to
louables qu'ils soient, serait non seulement s'en tenir
l'écorce de la piété, mais tomber dans une erreur da
gereuse, en croyant avoir assez fait pour le salut ; comm
si les Saints pouvaient exaucer les prières de ceux q
refusent de marcher sur leurs traces par l'accomplisse
ment des divins préceptes.

Aussi, les fidèles en s'approchant du sanctuaire o
sont déposés les restes vénérés de notre saint compa
triote, ne manqueront pas de lui présenter un cœur pur
ou du moins désireux de rentrer par la pénitence dar
les sentiers de la justice qu'il a constamment suivis, e
une volonté ferme de pratiquer, dans la mesure de leü
faiblesse, les vertus dont il a donné l'exemple à toute
les époques de sa vie.

2° Les Saints ont accompli toute la loi, étant, comm

le grand Apôtre, les imitateurs de Jésus-Christ : néanmoins le Saint-Esprit leur dispense diversement ses dons, et chacun d'eux est sous un aspect particulier l'objet de notre admiration ou le modèle sur lequel nous devons nous former.

La mortification ayant été la vertu dominante de notre Bienheureux, ainsi qu'on l'a vu dans sa notice historique, nous lui avons réservé une large part dans ces pieux exercices, en consacrant au développement de cette vertu de prédilection plus de la moitié de la neuvaine que nous offrons aux dévots pélerins.

Les premiers jours toutefois appartenaient tout naturellement aux vertus chrétiennes qui sont la source de toutes les autres, nous voulons dire, la foi, l'espérance, la charité et la piété, dont il est dit qu'elle a la promesse de la vie présente et de la vie future. C'est sur ce fondement solide que Benoît éleva l'édifice de sa sainteté, et nous entrerons dans son esprit en commençant par là nos méditations.

PREMIER JOUR. — SA FOI.

1° *Elle a été simple...* L'enseignement de l'Église fut toujours la règle de sa croyance. Il aimait la parole divine : tout jeune, il écoutait avec docilité les leçons de sa pieuse mère et les instructions de ses deux oncles prêtres. Plus tard, à Rome et dans ses nombreux pélerinages, on le voyait assister fidèlement aux prédications de la chaire évangélique, et il entretenait ses connaissances religieuses par la lecture quotidienne des livres de piété et en particulier du Nouveau-Testament qu'il portait partout avec lui. Jamais le plus léger doute ne s'éleva dans son esprit sur les vérités surnaturelles ; jamais il ne se permit de les scruter avec une imprudente curiosité : il les acceptait comme venant de Dieu et se soumettait sans effort à sa suprême autorité. Aussi, les ombres qu'on essaya de jeter sur sa foi dans le procès de sa béatification, s'évanouirent-elles bien vite devant l'exposé de ses sentiments si droits et si naïfs.

2° *Elle a été agissante*... Il avait compris de bonne heure que la foi sans les œuvres est une foi morte, inutile au salut, nuisible même au chrétien, qui sera jugé d'autant p'us sévèrement qu'il l'aura retenue plus captive dans l'injustice, selon la parole de saint Paul aux Romains. C'est pourquoi il en fit le principe de toutes ses pensées, de tous ses désirs et de toutes ses actions, dès sa plus tendre enfance. De là ces prières continuelles, ce zèle des choses saintes, cet amour du devoir dans les circonstances les plus pénibles. De là cette haine du mal, ce détachement de toutes les créatures, cette immolation à la volonté de Dieu. De là enfin cet esprit de sacrifice porté jusqu'au plus haut degré d'héroïsme. On peut dire de lui ce que saint Paul dit des Patriarches de l'ancienne alliance, que la foi produisait dans son cœur ces sublimes vertus qui feront l'admiration des siècles.

PRIÈRE.

Bienheureux Benoît, nous vous adressons la prière que les Apôtres faisaient au Sauveur : «Augmentez notre foi.» Cette foi, nous l'avons reçue dans le Baptême, nous en avons été marqués de nouveau dans le sacrement de Confirmation et nous en avons renouvelé les promesses, en nous asseyant pour la première fois à la Table sainte. Mais, hélas ! n'en avons-nous pas discuté et peut-être méprisé les enseignements ? Ne l'avons-nous pas laissée s'affaiblir par l'oubli des vérités saintes et de nos obligations les plus sacrées, ou en l'exposant au souffle contagieux de l'impiété et de l'indifférence ? Nous craignons donc de la perdre, ou d'y trouver notre condamnation, si vous ne venez à notre secours. Aidez-nous, nous vous en conjurons, à conserver ce trésor précieux que nous portons dans des vases fragiles, et sans lequel néanmoins nous ne saurions plaire à Dieu, ni par conséquent nous sauver.

On peut réciter chaque jour 5 *Pater* et 5 *Ave*, et la prière suivante, que le Bienheureux disait tous les matins et dont on a retrouvé une copie dans ses papiers ; elle est bien de nature à toucher le cœur du divin Maître :

« Dieu, créateur du ciel et de la terre, mon aimable
« Sauveur, je vous remercie de l'amour immense que vous
« avez eu, non seulement pour moi, mais pour le monde
« entier. Je vous aime par-dessus toutes choses, et je veux
« vous aimer toute cette journée, ainsi qu'à tous les in-
« stants de ma vie. Je vous prie de m'aider à faire votre
« sainte volonté, et je vous prie en même temps pour les
« infidèles et les pécheurs. Je veux gagner les indulgences
« pour délivrer les âmes du purgatoire. Accordez-moi, ô
« mon Dieu, votre amour, imprimez dans mon cœur les
« marques de votre cruelle passion. Je vous aime, mon
« divin Jésus, et je vous donne mon cœur »
« Sainte Vierge, préservez-moi dans ce jour et dans
« toute ma vie de tout péché, afin que je ne perde pas
« l'amour de mon Dieu, que je veux aimer tous les jours
« et à tous les moments de ma vie. Je vous rends grâces,
« Vierge sainte, au nom de tous les fidèles, du grand
« amour que vous leur portez ; je vous remercie encore
« pour tous les fidèles et tous les pécheurs ; aidez-les, as-
« sistez-les, afin qu'ils retournent à leur aimable Dieu.
« Soyez le secours de tous dans cette journée et tou-
« jours. »

DEUXIÈME JOUR. — SON ESPÉRANCE.

1° *C'est une confiance sans bornes dans la Providence...* A l'exemple des Apôtres, il abandonne tout, parents, amis, avantages temporels, carrière honorable, sans s'inquiéter de l'avenir, sachant que Dieu a promis de tout donner à ceux qui cherchent d'abord son royaume. Aussi, dans les privations, dans les dangers, dans les angoisses et les souffrances, il ne craint rien ; parce qu'il a appris à l'école de saint Paul à connaître Celui en qui il a mis son espérance. Il sait qu'il conservera fidèlement le dépôt confié à sa garde, et lui rendra au centuple ce qu'il aura fait pour lui. Que cette disposition est rare parmi les chrétiens de nos jours. On se confie en son génie, en son activité, en son courage ; on compte sur la bonne volonté de ses amis ou sur la puissance des grands, mais rarement on a recours à Dieu. De là que de déceptions, que de ruines, que de désespoirs ! Quand serons-nous plus sages ? Quand nous adresserons-nous enfin à Celui qui a fait le ciel et la terre ?

2° *C'est une confiance inébranlable...* Les bases sur lesquelles il la fait reposer sont, d'un côté, l'amour de Dieu pour les hommes, de l'autre, ses promesses solennelles et sa toute puissance, qui lui permettra de les accomplir, malgré tous les obstacles, faudrait-il pour cela des miracles. On se rappelle la belle réponse faite à sa mère au moment où elle lui exprimait ses inquiétudes sur son genre de vie. Il savait la touchante histoire de la bonté de Dieu sur la maison d'Israël et d'Aaron ; et il aimait à répéter avec l'Apôtre : Non, l'espérance ne confond pas, parce que la charité divine a été répandue dans nos cœurs par l'Esprit-Saint. Oh ! si l'on connaissait les charmes de cette aimable vertu, la consolation, la joie et le calme qu'elle communique à l'âme, comme on s'empresserait de la demander à l'Auteur de tous dons parfaits, et comme on s'efforcerait de la cultiver chaque jour.

PRIÈRE.

O Bienheureux Benoît, apprenez-nous à pratiquer cette belle vertu d'espérance dont vous avez été un si parfait modèle. Nous aimons trop les biens passagers du monde ; nous nous attachons trop à cette figure qui passe avec la rapidité de l'éclair. Au lieu de suivre le précepte de l'Apôtre, qui nous avertit de vivre sur la terre en pélerins et en étrangers, d'y dresser un instant nos tentes comme devant les plier bientôt, pour arriver à notre véritable patrie, nous nous y fixons au contraire, comme si nous devions y demeurer toujours et que nous n'ayons rien à attendre au-delà des limites du temps. Aidez-nous à élever nos pensées vers le ciel ; ôtez de nos cœurs ces affections terrestres, ces soucis de nos intérêts matériels, ces aspirations vers la fortune, ces alarmes à la vue de l'avenir et ces mille soins divers, qui font de notre vie un martyre et nous préparent d'éternels regrets. Faites enfin que convaincus de la vanité de tous les appuis humains, nous reposions en Dieu par l'espérance chrétienne, qui est un avant-goût de la véritable béatitude.

5 *Pater* et 5 *Ave*, etc.

TROISIEME JOUR. — SA CHARITÉ.

1º *Pour Dieu...* Qui peindra les sentiments d'amour que nourrissait pour son Créateur le cœur brûlant du pieux pélerin ? Disons seulement qu'il pouvait répéter

avec vérité ces magnifiques paroles de saint Paul : « Qui
« me séparera de l'amour de mon Dieu? Sera-ce la tri-
« bulation, la faim, la soif, la nudité, l'angoisse, les
« rebuts, les opprobres….? Non, je suis certain que ni
« la mort, ni la vie, ni les Anges, ni les Principautés,
« ni les Vertus, ni le présent, ni l'avenir, ni la force,
« ni la hauteur des cieux, ni les profondeurs de l'abîme,
« ni aucune autre créature ne me séparera de l'amour
« de mon Dieu, qui est enté en Jésus-Christ mon Sei-
« gneur. » Benoît a passé par toutes ces épreuves, et son
amour, loin de s'affaiblir par cette vie de souffrances, n'a
fait que s'animer de plus en plus dans son âme, au point
de faire de son corps un holocauste d'amour. Que pen-
sons-nous de cette protestation d'amour? N'en sommes
nous pas effrayés? Ne voudrions-nous pas y voir une
pieuse exagération, ou du moins la dernière limite de
l'amour? Sans doute, dans le cœur de l'Apôtre et dans
celui de notre saint jeune homme elle était accompagnée
de tout ce que cette vertu a de plus sublime ; mais en
elle-même elle n'est que le langage de l'amour véritable
auquel il faut tout sacrifier plutôt que de le perdre. Qui
de nous oserait tenir ce langage?

2° *Pour le prochain…* Il suffit de rappeler ici les
prières ferventes qu'il adressait à Dieu pour tous les
hommes et surtout pour les pécheurs et les infidèles eux-
mêmes. Il offrait à Dieu pour leur salut, non-seulement
ses prières continuelles, mais ses jeûnes, ses macérations et ses austérités. Les souffrances des pauvres le
touchaient vivement, et quoiqu'il fût le plus misérable

de tous, il leur distribuait avec un généreux empressement ce qu'on lui donnait pour lui-même. Il avait à peine six ans, que déjà il partageait sa nourriture avec les pauvres, ou du moins leur réservait quelque chose de ses repas. L'imitons-nous dans la pratique de cette vertu, sans laquelle, selon saint Jean, on demeure dans la mort? Car vainement, au témoignage de l'Apôtre, on parlerait le langage des Anges, si on n'a pas la charité, on n'est qu'un airain sonnant et une cymbale retentissante. Pensons-y sérieusement. Quels sont nos sentiments à l'égard du prochain? Où sont les marques de notre amour pour lui? Ne nous en tenons pas à des protestations de dévouement, qui n'ont d'autre résultat que de nous laisser dans une illusion funeste, touchant notre conduite à cet égard.

PRIÈRE.

Bienheureux Benoît, vous qui brûliez du feu sacré de l'amour, faites-nous bien connaître ce que doit être la charité chrétienne; laissez échapper de votre âme si aimante quelques étincelles de cette flamme que Jésus-Christ est venu apporter sur la terre et dont il veut qu'elle soit embrasée. L'amour, c'est la plénitude de la loi, et celui qui aime l'accomplit tout entière. Ne permettez pas que nous perdions de vue ce salutaire enseignement. Car il est écrit : « Ce n'est pas celui qui dit: mon Dieu, mon Dieu, qui entrera dans le royaume des Cieux, mais celui qui fait la volonté de mon Père. » Faites donc que l'amour inspire nos pensées, anime nos sentiments et soit le mobile de toutes nos démarches; qu'il nous soutienne dans nos combats, nous console dans nos douleurs, nous éclaire dans nos perplexités et nous assure la victoire sur tous nos ennemis.

5 *Pater* et 5 *Ave*, etc.

QUATRIÈME JOUR. — SA PIÉTÉ.

1° *Elle était tendre...* Il en avait sucé le goût avec lait maternel, et dès ses premières années, elle lui donner le nom de *petit ange.* Mais elle s'anima dans suite au souffle de l'amour et elle le tenait habituellem dans un état de contemplation voisin de l'extase. Il une dévotion toute particulière à la très-sainte Trinit' ne se lassait pas de méditer cet auguste mystère, o' trouvait l'abrégé de toute la religion. Le sacrement l'Eucharistie ravissait son cœur; quand il était au p de l'autel, il y paraissait abîmé dans une pensée d'i molation, pour correspondre aux sentiments du Dieu i molé pour nous, il y demeurait des journées entières, qui lui fit donner le nom du *pauvre des 40 heures.* dévotion envers Marie n'était pas moins touchante; il l'appelait jamais que sa *bonne,* sa *douce Mère;* il a constamment un chapelet à la main, un autre à son c comme pour être le captif de cette Souveraine des An et des hommes. Que dire de la passion du Sauveur, souvenir de laquelle son âme était inondée d'amertum Aussi, avait-il toujours sur sa poitrine l'image de Jé crucifié.

2° *Elle était constante...* En lui, point de ces reto de découragement et de froideur qu'on remarque si s vent dans la conduite des chrétiens les plus sincères. ! voyages, les privations, les maladies même ne pouvai arrêter, ni affaiblir l'ardeur de ses vœux; sa prière cessait pas au moment où il donnait quelques courts stants au sommeil ; il pouvait dire comme l'Epouse des Cantiques : Je dors, mais mon cœur veille ; car son corps seul était sur la terre, et il en désirait la dissolution pour se réunir à son bien-aimé. Si nous rapprochons notre conduite à celle de Benoît, quel sujet de confusion pour nous ! Pleins de zèle pour les choses de la terre, nous sommes de glace pour les choses du Ciel, tout nous coûte dans la religion ; ses lois, ses pratiques, ses conseils, tout provoque nos plaintes, et tandis que nous ne refusons rien aux exigences du monde, nous ne portons que le dégoût et l'ennui à la prière et aux offices de l'Eglise.

PRIÈRE.

O Bienheureux Benoît, vous dont la ferveur dans l'oraison a été si souvent comparée à celle des Séraphins, enseignez-nous à prier. Il semble que de nos jours on ait oublié ces recommandations si répétées dans les saints Livres : Priez sans cesse et ne cessez pas de prier ; on ne prie plus, ou l'on prie peu, ou l'on prie mal. Hélas ! nous qui les connaissons, ne négligeons-nous pas néanmoins ce devoir impérieux de la prière ? Ne trouvons-nous pas trop long le temps qu'il faut y consacrer ? Ne prions-nous pas du bout des lèvres, méritant par là l'anathème porté contre ce peuple dont le cœur était loin de Dieu à l'heure de la prière ? Faut-il s'étonner de nos faiblesses, de nos infidélités et de nos chutes ? Nous ne pouvons rien sans le secours de Dieu, dans l'ordre du salut, et nous n'avons pas recours à Celui qui peut tout, et qui seul nous rend victorieux de nos ennemis. Obtenez-nous donc, nous le répétons, le don de la prière ; allumez dans nos âmes ce feu dont brûlait le Prophète royal et faites-nous trouver nos délices dans les exercices de la piété chrétienne où vous avez su puiser les plus solides et les plus douces consolations.

5 *Pater* et 5 *Ave*, etc.

CINQUIÈME JOUR. — SON HUMILITÉ.

1° *Elle a paru dans son mépris pour le monde...* Il avait pour cette vertu une estime dont il donna des preuves dans la maison paternelle et chez ses oncles, où il fuyait avec soin tout ce qui était de nature à le faire remarquer. Cette pensée ne fut pas étrangère, sans doute, à sa détermination de préférer à la carrière ecclésiastique la vie plus humble et plus ignorée du cloître. Mais ce sentiment parut avec éclat, quand il se soumit aux desseins de la Providence pour le genre de vie extraordinaire qu'il embrassa, au sortir de l'abbaye de Sept-Fonts et qu'il suivit jusqu'à sa mort. Il n'ignorait pas que cette sainte folie de la croix l'exposerait aux railleries publiques et le rendrait le rebut de la société ; mais cette vue des humiliations et des opprobres n'eut pas le moindre empire sur son âme détachée d'elle-même ; il fit tout, au contraire, pour laisser ignorer sa naissance, sa famille, son éducation, ses connaissances et tout ce qui pouvait lui concilier l'attention et l'intérêt, afin de paraître le dernier des hommes et digne de leur mépris. N'y a-t-il pas un contraste frappant entre cette conduite et la nôtre ? Quelles idées avons-nous sur ce que le monde estime ? Quel cas faisons-nous de ses louanges et de ses dédains ? Où mettons-nous notre gloire ?

2° *Elle a paru dans la joie avec laquelle il supporta les mauvais traitements...* Non-seulement Benoît méprisait le monde et toutes ses vanités, non-seulement il était petit et vil à ses propres yeux, mais il goûtait une véritable satisfaction, lorsqu'on le traitait de la manière la plus ignomieuse et la plus injuste. Loin de se plaindre alors, il disait aux personnes qui prenaient sa défense : « Si on me connaissait, on m'en ferait bien davantage « encore. » Et il se réjouissait de passer pour un insensé et un criminel, ayant par là un nouveau trait de ressemblance avec son divin Maître.

PRIÈRE.

O parfait modèle d'humilité, nous vous prions de nous obtenir du Ciel l'estime et l'amour de cette vertu, base essentielle de toutes les autres. Elever sur un autre fondement l'édifice de sa religion, c'est bâtir sur le sable ; car tandis que Dieu résiste aux superbes, il donne sa grâce aux humbles et les comble de ses faveurs. Mais si elle est de toutes les vertus la plus nécessaire, elle en est aussi la plus rare, étant la plus opposée à nos instincts naturels. C'est pourquoi, ô saint Protecteur, nous avons surtout ici besoin de votre secours, et nous l'invoquons avec d'autant plus de confiance, que vous l'avez pratiquée dans un degré plus sublime. Faites qu'à votre exemple, nous nous détachions de nous-mêmes et de toutes les grandeurs d'ici-bas, pour n'ambitionner que la gloire véritable.

5 *Pater* et 5 *Ave*, etc.

SIXIÈME JOUR. — SON DÉTACHEMENT.

1° *De sa famille...* Cette parole de l'Évangile : « Celui qui quittera sa maison, ses frères, ses sœurs, son père et sa mère pour me suivre, recevra le centuple dans le ciel, » avait fait sur lui une impression profonde. Et bien qu'il eût pour ses parents un attachement sincère et que son cœur naturellement sensible fût cruellement blessé par cette séparation, il n'hésita pas un instant à s'imposer ce dur sacrifice pour mériter la vie éternelle. Non-seulement il s'en éloigna, afin de servir Dieu d'une manière plus parfaite dans la solitude du cloître, mais après les deux lettres touchantes qu'il leur écrivit en sortant de l'abbaye de Neuville et de celle de Sept-Fonts, il cessa tous rapports avec eux, dans la pensée de donner à son détachement toute sa perfection, Dieu lui tenant lieu de tout. Quel exemple pour une foule de chrétiens si sensibles à la voix de la chair et du sang, qu'ils refusent de suivre les inspirations du Saint-Esprit, quand elles sont en désaccord avec les vues d'une famille à laquelle ils subordonnent les intérêts les plus sacrés !

2° *De toutes choses...* Dieu lui dit comme au patriarche Abraham : « Quittez votre patrie et les lieux qui vous ont vu naître et venez dans la terre que je vous montrerai. » Fidèle à cet appel intérieur, il abandonne les saints asiles où il goûtait le bonheur, sa patrie où il laissait tant de souvenirs précieux, ses biens, seules ressources de son avenir, et va sur une terre étrangère avec l'intention formelle de n'y rien posséder, mais de pratiquer à la lettre ce conseil de l'Évangile : « Ne portez pas de provisions dans le chemin, n'ayez pas deux tuniques, pas même de bâton. Contentez-vous de la nourriture et du vêtement. » Nous ne sommes pas appelés, sans doute, à marcher par cette voie sublime d'un dépouillement absolu, et le Ciel ne met pas pour tous le salut à un si haut prix. Mais ne trouvons-nous pas en

nous une foule de désirs dangereux, d'attachements com-
promettants pour nos destinées éternelles ? Souvenons-
nous que la plupart des liens que nous contractons avec
tout ce qui nous entoure sont souvent autant d'obstacles
à notre sanctification.

PRIÈRE.

Vous aviez bien compris, ô saint Protecteur, qu'on ne
peut servir deux maîtres à la fois et qu'un cœur partagé
ne saurait plaire à Celui qui hait la rapine dans l'holocauste ; voilà pourquoi vous avez pris Dieu pour votre uni-
que partage, ne voulant avoir sur la terre ni parents, ni
amis, ni biens ni asile, ni abri même pour reposer un instant ; disant aussi parfaitement que les Apôtres : J'ai laissé
tout pour vous suivre. Par le mérite d'un si universel et
si généreux abandon, obtenez nous la grâce de faire les
sacrifices que le Ciel demande de nous ; ils sont bien petits,
bien faciles, si nous les comparons aux vôtres, et cependant nous manquons d'énergie pour les accepter. Ne permettez pas que notre cœur s'attache aux créatures au pré-
judice de nos devoirs, mais séparez-le de ce qui deviendrait
un écueil pour notre vertu, en brisant tous les liens que
la religion n'aurait pas formés.

5 *Pater* et 5 *Ave*, etc.

SEPTIÈME JOUR.— SA MORTIFICATION.

1° *Dans le boire et le manger...* Cette vertu était une
disposition naturelle et elle a marqué sa vie d'un caractère particulier. On a vu qu'il pratiquait des privations
dans ses repas, dès l'âge de quatre à cinq ans, qu'il trouvait trop douce sous ce rapport la règle des Chartreux de
Neuville et des religieux de Sept-Fonts. Aussi, plus tard
il dépassa de beaucoup les prescriptions des instituts
les plus sévères. Du pain et de l'eau, quelquefois des

herbes et des racines, ou des restes de légumes jetés dans la rue, étaient sa nourriture, qu'il prenait une seule fois le jour. Ayant une fois été tenté d'acheter des aliments d'un meilleur goût, il se le reprocha vivement et s'éloigna en toute hâte de l'endroit où ils se vendaient.

2° *Dans ses vêtements...* Sa mère nous apprend qu'il avait toujours témoigné la plus parfaite indifférence pour ses effets de corps ; qu'il montrait même de la préférence pour les moins beaux, contrairement à ce que font les enfants. Dans sa vie de pélerin il avait un seul habit, qu'il remplaçait quand il était entièrement usé : du reste, il le raccommodait lui-même comme il pouvait, ne voulant se servir de personne pour son entretien. Lorsqu'on lui offrait des vêtements neufs, il les refusait ; il donnait aux pauvres les meilleurs, gardant pour lui les plus mauvais ; n'acceptait habituellement que des chemises, si sa tunique ne présentait aucune indécence et n'annonçait que la pauvreté.

PRIÈRE.

O Pauvre de Jésus-Christ, que nous sommes loin de marcher dans cette voie de la mortification chrétienne ! que de délicatesse dans les repas, que de recherches, que de luxe dans les ameublements ! On s'excuse sur le rang qu'on occupe, sur les obligations de sa position sociale, sur la faiblesse de sa santé ; on se rassure parce qu'on subit les lois de la coutume et qu'on ne va pas plus loin qu'un grand nombre de personnes, dont les sentiments religieux ne sont pas suspects. Que pensez-vous de ces allégations ? Ne le jugez-vous pas avec sévérité, quand vous les mettez en regard des enseignements évangéliques et des exemples du Sauveur ? Pourquoi, dites-vous, tant de superfluités, tant de soucis pour soutenir une vie qui s'entretient avec si peu de chose ; pour parer un corps qui sera bientôt la pâture des vers et qui périra, d'ailleurs, d'autant plus vite qu'on l'aura plus délicieusement nourri ? C'est bien là, il faut l'avouer, la véritable doctrine ; mais cette parole est bien dure, et qui pourra la comprendre ? Usez donc de votre pouvoir auprès de Dieu pour nous déterminer, non à porter si loin que vous l'esprit de mortification ; cela, heureusement, n'est pas nécessaire ; mais à respecter les préceptes de notre divin Sauveur, les lois de la sainte Église et les règles de la modération et de la sobriété en toutes choses.

5 *Pater* et 5 *Ave*, etc.

HUITIÈME JOUR. — SES AUSTÉRITÉS.

1° *Il y trouvait ses délices*... Il châtia son corps innocent de bonne heure et, comme l'Apôtre, il le réduisit en servitude, pour en faire une hostie sainte et vivante en présence de Dieu. Il évitait, autant que possible, de se laisser apercevoir dans ce combat contre la chair, mais la vigilante sollicitude de sa mère le découvrit quelquefois se servant d'une planche pour oreiller, couchant sur le plancher à côté de son lit, et plus tard elle fut tellement effrayée de ses macérations corporelles, qu'elle lui témoigna sa peine et ses appréhensions. Mais Benoît en éprouvait un besoin irrésistible, et malgré son respect pour sa mère, il ne fit que les augmenter. Aussi, il n'y avait aucune communauté assez rigide pour lui et il n'était retenu dans les limites de la règle que par l'obéissance religieuse. Libre de tous liens, il suivit son attrait sans obstacle, sans rien relâcher de ses rigueurs, même dans ses maladies.

2º *Il les porta jusqu'au mépris de la vie...* Il était facile de voir, et les directeurs de sa conscience le lui dirent souvent, qu'une pareille manière de vivre abrégerait ses jours. Priver son corps de repos, de sommeil et de nourriture, coucher sur le sol nu ou sur un peu de paille, dans des lieux humides, exposés aux intempéries des saisons ; demeurer des journées entières à genoux, sans appui, les bras croisés sur la poitrine, plongé dans une profonde contemplation qui le rendait étranger à tout ce qui se passait à ses côtés ; voyager le jour et la nuit, sans abri, sans asile, se mettant peu en peine d'une fatigue horrible, de blessures profondes aux pieds et aux jambes, de l'affaissement général de son être physique, c'était, on le conçoit, un genre de vie au-dessus de toutes les forces humaines.

PRIÈRE.

Votre vie, ô glorieux Patron, fut une vie de crucifiement, et pourtant elle était pure et sainte ; car jamais on n'y vit la moindre apparence du mal. Vous avez cru que le ciel méritait cette immolation continuelle, et nous, nous croyons toujours assez faire pour arriver à la même récompense. Nous nous plaignons des rigueurs de la loi ; elle exige, selon nous, des sacrifices trop pénibles à la nature ; les plus légères difficultés nous arrêtent, nous, dont les jours marqués par des infidélités nombreuses, devraient être consacrés à la pénitence la plus sévère. Faites-nous comprendre que le ciel souffre violence, que le chemin qui condui à la gloire est semé d'épines, et qu'il faut savoir triom pher de soi pour ceindre un jour son front de la couronn d'immortalité.

5 *Pater* et 5 *Ave*, etc.

NEUVIÈME JOUR. — SA PATIENCE.

1° *Dans les souffrances...* Cette patience était le fruit naturel de l'oubli de lui-même et de son esprit de mortification. Durant les épreuves morales auxquelles il fut soumis au foyer paternel, dans le cours de ses études chez ses oncles, dans les abbayes de Neuville, et de Sept-Fonts, il montra la soumission la plus entière à la volonté de Dieu. Il ne fut pas moins résigné lorsqu'une maladie grave l'atteignit à Rome et le força de laisser ses habitudes chéries, la visite des églises, la prière, l'oraison et les exercices de la pénitence chrétienne, auxquels il fallut renoncer par l'ordre de son confesseur. Aucune plainte ne sortit de sa bouche ; son air calme et serein annonçait une âme qui faisait sa nourriture de la volonté de son Père céleste et lui était soumise jusqu'à la mort. Quelle leçon pour ces chrétiens que l'on voit tristes, abattus et dans une irrémédiable désolation, quand ils doivent supporter les douleurs de la maladie ou les angoisses de l'épreuve !

2° *Dans les mauvais traitements...* Il nous suffira de citer ici un seul trait, au milieu de tant d'autres, pour rappeler quelle en était la force. Ayant reçu une légère aumône, dont il n'avait pas besoin, il la remit aussitôt aux pauvres qu'il croyait plus misérables que lui ; l'auteur de cette aumône s'imagina qu'il la dédaignait, parce qu'elle était peu considérable ; il en fut vivement piqué et, passant toute mesure, il frappa violemment le saint homme avec une canne qu'il tenait à la main. Benoît ne s'en émut pas, et sans dire rien pour sa défense, il souffrit cette injuste agression avec une patience admirable. Cette conduite si différente de celle d'un pauvre ordinaire fit une salutaire impression sur cet homme brutal ; apprenant la sainte mort du Bienheureux, il vint pleurer sur son tombeau, et retourna à la pratique de ses devoirs religieux qu'il avait depuis longtemps abandonnés.

PRIÈRE.

O parfait imitateur de Celui qui, semblable à l'Agneau, s'est laissé conduire au supplice, sans ouvrir la bouche pour se plaindre, obtenez-nous la grâce de supporter sans murmures les peines de ce lieu d'exil, non-seulement celles qui nous viennent de Dieu, mais aussi celles que nous font les hommes, seraient-elles tout à la fois injustes et cruelles. Soutenez-nous dans ces occasions délicates où nous manquons si souvent de cette patience dont vous nous avez donné tant d'exemples pendant toute votre vie, afin qu'ayant marché sur vos traces sur la terre par la voie de l'humiliation et de la souffrance, nous partagions un jour votre gloire et votre bonheur dans le ciel.

Ainsi soit-il.

5 *Pater* et 5 *Ave*, etc.

Arras. — Typographie Rousseau-Leroy.